Ⓢ新潮新書

橘 玲

TACHIBANA Akira

もっと
言ってはいけない

JN152614

799

新潮社

まえがき　日本人は世界でもっとも「自己家畜化」された特別な民族

「最初に断っておくが、これは不愉快な本だ。だから、気分よく一日を終わりたいひとは読むのをやめたほうがいい」と、前著『言ってはいけない　残酷すぎる真実』の冒頭に書いた。だとしたら続編である本書は「もっと不愉快な本」にちがいない――。

そう思われてもしかたがないが、それは誤解だと断っておきたい。このタイトルは、「言ってはいけない」ことをもっとちゃんと考えてみよう、という意味で、本書では「私たち（日本人）は何者で、どのような世界に生きているのか」について書いている。その世界は、一般に「知識社会」と呼ばれている。

知能は遺伝する、精神疾患は遺伝する、犯罪は遺伝する……と話すと、ほとんどのひとから「ほんとうかもしれないけどそんな本はぜったいに出せない」「そんなことを書いたらたいへんなことになる」と警告された。だが実際には、『言ってはいけない』を読んだ方からは、「救われた」「ほっとした」との多くの感想が寄せられた。

「遺伝決定論」を批判するひとたちは、どのような困難も本人の努力や親の子育て、あるいは周囲の大人たちの善意で乗り越えていけるはずだとの頑強な信念をもっている。そしてこの美しい物語を否定する者を、「差別主義者」のレッテルを貼って葬り去ろうとする。

だが、本人や子どもがどれほど努力しても改善しない場合はどうなるのだろうか。その結論は決まっている。努力しているつもりになっているだけで、努力が足りないのだ。なぜなら、困難は意志のちからで乗り越えられるはずなのだから。

行動遺伝学は、遺伝の影響が身体的な特徴だけでなく「こころ」にも及んでいることを明らかにした。すべてが遺伝で決まるわけではないものの、私たちが漠然と思っているよりその影響はずっと大きく、精神疾患の場合は症状が重いほど遺伝率は高くなる。神経症傾向の遺伝率は46％だが、統合失調症は82％、双極性障害（躁うつ病）は83％だ。それ以外でも、自閉症の遺伝率は男児で82％、女児で87％、ＡＤＨＤ（注意欠陥・多動性障害）は80％と推計されている。[1]

遺伝率80％というのは「親が統合失調症だと8割の確率で子どもが同じ病気にかかる」ということではないが、これがどのような数字かは、身長の遺伝率が66％、体重が74％であることからイメージできるだろう。背の高い親から長身の子どもが生まれるより高い確率で、こころの病は遺伝するのだ。

日本のメディアではいまだにこれは「言ってはいけない」ことにされているが、欧米では一般読者向けの啓蒙書にも「統合失調症は遺伝的な影響を強く受けている」とふつうに書いてあるし[2]、それが差別かどうかの議論にもなっていない。遺伝の影響をいっさい認めない日本の現状が異常なのだ。

現代の遺伝学が明らかにしつつあるのは、「どんなに努力してもどうしようもないことがある」という現実だ。

授業を座って聞いていられないのはADHDかもしれない。自閉症はきわめて遺伝率の高い疾患だが、日本では子育てが悪いからだといわれてしまう。発達障害の子どもを抱える親たちはつらい経験のなかでそのことに気づいていたが、遺伝の影響を認めない社会では、口先だけは同情の言葉を並べ立てても、誰もがこころのなかで「そうはいっても、ちゃんと子育てしてればあんなことにはならないんでしょ」と思っている。

そんな非難にじっと耐えていた親たちが、私の拙《つたな》い本を読んで、自分が悪かったんじゃないんだ、こんなに頑張っても結果が出ないのには理由があったんだと感じたのではないだろうか。

行動遺伝学の知見によれば、一般知能（ＩＱ）の遺伝率は77％でやはりきわめて高い。だが東大医学部に４人の子どもを入れたママが出てくると、子どもが東大に入れないのは母親が努力していないからだという理屈になっていく。

「やればできる」イデオロギーは、ものすごく残酷だ。ちゃんと子育てすれば、どんな子どもでも（ビリギャルでも）一流大学に入れるはずなのだから。――さらに残酷なことに、祖父母やきょうだい、友人を含む周囲のひとたちは、あふれんばかりの善意によってこうした仕打ちをする。

『言ってはいけない』はほとんど書評の対象にならなかったが、「ここだけの話だけど、あの本に書いてあることは事実だよ」と囁《ささや》かれているという話はあちこちで聞いた（何人かの専門家からは、「自分たちが言えないことを勇気をもって書いてくれた」と直接、感謝された）。そのなかにはリベラルな教育者もいて、ふだんは新聞やテレビで「経済

まえがき

格差をなくすために幼児教育も大学も無償化すべきだ」と論じているが、ある雑誌編集者に「成績なんてぜんぶ遺伝で決まるんだよ」と語ったのだという。

とはいえ私は、これを「偽善」だとことさらに批判するつもりはない。私を含め、すべてのひとは多かれ少なかれ偽善者だというだけのことだ。

それよりも私が奇妙に思うのは、「知識人」を自称するひとたちが、「ほんとうのこと」を隠蔽し、きれいごとだけいっていれば、世の中がよくなると本気で信じているらしいことだ。

前提がまちがっていれば、そこから導かれる解決策は役に立たないのではないだろうか。それとも、私の知らないなにかの魔法がはたらいているのだろうか。

本書では「人種（大陸系統）によって認知能力にちがいがある」という説を紹介しているが、「なぜわざわざそんな不愉快な話をするのか？」と思うひともいるだろう。「傷つくひとが一人でもいるのなら、そんな話題は控えるべきだ」というのが、昨今では〝良識〟とされるようになった。

もちろん、たんなる露悪趣味でこれを書いているわけではない。本書を最後まで読めば、「私（日本人）は何者か？」という問いを考えるのにこのテーマが避けて通れないことを理解してもらえるだろう。

なお私の考えでは、これから述べることは「中国人（華人）」や「韓国・朝鮮人」にもかなりの程度あてはまる。それは日本人の祖先が中国大陸や朝鮮半島からやってきたからであり、「東アジア系」が遺伝的にとてもよく似ているからだ。

その一方で本書は、「日本はスゴい」という昨今の流行にも合っている。なぜならここでは、「日本人は世界でもっとも〝自己家畜化〟された特別な民族だ」と述べているのだから。――「自己家畜化」という聞き慣れない用語が本書のテーマだが、それについてはおいおい説明していきたい。

社会科学を「世界を理解するための学問」とするならば、「現代の進化論」はそのもっとも強力なツールだ。コンピュータなどテクノロジーの驚異的な発達を背景に、脳科学や分子遺伝学、ゲーム理論やビッグデータ（統計解析）などの新しい学問と融合して、社会や人間に対する考え方を根底から書き換えつつある。本書で書いていることは、そうした知見をロジカルに展開するとこうなるほかはないという意味で、私たちがやがて行きつく場所を示していると考えている。

私の他の著作と同じく、本書ではできるかぎり証拠（エビデンス）を示すようにしている。日本ではまだあまり理解されていないが、英語圏では一般書でも根拠を示さない主張は議論に値しないと見なされているからだが、煩瑣に思われるなら無視してほしい。

もちろん、本書で提示した「不愉快な仮説」が証拠にもとづいた（エビデンスベースドの）批判によって覆されることもあるだろう。その場合はよろこんで自説を撤回し、世界について、人間についてあらためて考えなおしたいと思う。

もっと言ってはいけない　∞　目次

2 一般知能と人種差別 57

3 人種と大陸系統　93

4　国別知能指数の衝撃　132

5　「自己家畜化」という革命　182

プロローグ　日本語の読めない大人たち

ＰＩＡＡＣ（ピアック＝Programme for the International Assessment of Adult Competencies）はＯＥＣＤ（経済協力開発機構）主催の国際調査で、「16歳から65歳の成人を対象として、社会生活において成人に求められる能力のうち、読解力、数的思考力、ＩＴを活用した問題解決能力の3分野のスキルの習熟度を測定する」ことを目的に、24カ国・地域において約15万7０００人を対象に実施された。日本では「国際成人力調査」として２０１３年にその概要がまとめられている。[3]

日本人の3分の1は日本語が読めない？

図表1を見て、日本の成績が予想外に高いことに驚くだろう。「ＩＴを活用した問題解決能力（ＩＴスキル）」で順位が2つあるのは、参加者のなかにコンピュータを使わなかった者がいるからで、コンピュータ調査を受けた者の平均得点は読解力、数的思考

図表1　PIAACの分野別結果の各国比較

( )内は順位

国名	読解力	数的思考力	ITを活用した問題解決能力	
	平均得点	平均得点	レベル2・3の成人の割合	平均得点
OECD平均	***273***	***269***	***34%***	***283***
オーストラリア	280 (4)	268 (13)	38% (6)	289 (3)
オーストリア	269 (17)	275 (10)	32% (13)	284 (7)
カナダ	273 (11)	265 (14)	37% (7)	282 (12)
チェコ	274 (9)	276 (9)	33% (12)	283 (9)
デンマーク	271 (14)	278 (7)	39% (5)	283 (8)
エストニア	276 (7)	273 (11)	28% (16)	278 (16)
フィンランド	288 (2)	282 (2)	42% (2)	289 (2)
フランス	262 (21)	254 (20)	m	m
ドイツ	270 (15)	272 (12)	36% (8)	283 (11)
アイルランド	267 (20)	256 (19)	25% (18)	277 (18)
イタリア	250 (23)	247 (22)	m	m
日本	**296 (1)**	**288 (1)**	**35% (10)**	**294 (1)**
韓国	273 (12)	263 (16)	30% (15)	283 (10)
オランダ	284 (3)	280 (4)	42% (3)	286 (6)
ノルウェー	278 (6)	278 (6)	41% (4)	286 (5)
ポーランド	267 (19)	260 (18)	19% (19)	275 (19)
スロバキア	274 (10)	276 (8)	26% (17)	281 (13)
スペイン	252 (22)	246 (23)	m	m
スウェーデン	279 (5)	279 (5)	44% (1)	288 (4)
アメリカ	270 (16)	253 (21)	31% (14)	277 (17)
ベルギー	275 (8)	280 (3)	35% (11)	281 (14)
イギリス	272 (13)	262 (17)	35% (9)	280 (15)
キプロス	269 (18)	265 (15)	m	m

OECD平均よりも統計的に有意に高い国

OECD平均と統計的に有意差がない国

OECD平均よりも統計的に有意に低い国

(注) ITを活用した問題解決能力の平均得点は、PIAACのデータを元にコンピュータ調査解答者を母数として国立教育政策研究所が算出。キプロス、フランス、イタリア、スペインは、ITを活用した問題解決能力分野に参加していない (m=データが得られない)。
表中の数値が同じであっても順位が異なる場合があるのは、小数点以下の差異による。
なお、本表にはロシアのデータは記載されていない。

「OECD国際成人力調査　調査結果の概要」国立教育政策研究所より作成

力と並んで参加国中1位だ。しかしここでいいたいのは、「日本人は優秀だ」ということではない。

ＰＩＡＡＣの目的は「知識社会に適応する能力」を測定することで、それぞれの分野の習熟度を4〜6段階で評価している。

設問例を見ると、「読解力」のレベル3は、図書館のホームページにアクセスし、そのリストにある本（『エコ神話』）の著者名を回答するというものだ。

図書館のホームページには本のタイトル、著者名のほかに100字程度の概要が書かれている。レベル4では、「遺伝子組み換え食品に賛成の主張と反対の主張のいずれも信頼できないと主張しているのはどの本ですか」の質問に答えるよう求められる。

これを読んで、「子どもだましでバカバカしい」と思うひともいるだろう。だが驚くのはその結果だ。

日本では、レベル3の問題（本のタイトルと著者名を一致させる）ができない成人が27・7％いる。レベル4の問題（設問と本の概要を比較する）ができない成人はなんと76・3％だ。――これは複数出題の平均なので、厳密には、レベルに達しない受験者のすべてが問題例に正答できなかったわけではない。

ＡＩ（人工知能）に東大の入学試験を受けさせる「東ロボくん」で知られる新井紀子氏は、全国2万5000人の中高生の「基礎的読解力」を調査し、3人に1人がかんたんな問題文が読めないことを示して日本社会に衝撃を与えた。[4] 問題の解き方がわからないなら解法を教えられるが、何を問われているかが理解できないとしたら授業は成立しない。

一般にはこの結果は「日本の教育が劣化した」と受け取られているが、ＰＩＡＣＣのデータはそれが誤解であることをはっきり示している。日本の成人のおよそ3人に1人が、本のタイトルと著者名を一致させるレベルの読解力を満たしていない。なぜこんなことになるかというと、やり方がわからないからではなく設問の意味が理解できないからだろう。

日本人の3割は、むかしから「教科書が読めない子どもたち」だった。そんな中高生が長じて「日本語が読めない大人」になるのは当然なのだ。

先進国の成人の半分はかんたんな文章が読めない

ＰＩＡＡＣの「数的思考力」の設問例は、レベル3が立体図形の展開、レベル4が単純な棒グラフの読み取りだ。その結果は、レベル3に満たない成人が36・3％、レベル4に満たない成人が80％もいる。表計算ソフトでグラフをつくり、そのデータを読み取ることのできる成人は2割しかいない。

「ITスキル（ITを活用した問題解決能力）」のレベル3の設問例は、会議室予約の申込みメールの処理だ。メールには予約に無関係なもの（たんなる感謝）もあれば、会議室の空き状況を確認するものもある。4件のメールのうち予約申込みは3件で、午前、午後、午前から午後にまたがるものだ。回答者は4つの会議室の空き状況を確認し、午前に1件、午後に1件入れて、残りの1件には利用可能な会議室がないことを返信する。

これはパソコンを使う職場では最低限のスキルだと思うが、日本ではわずか8・3％しかクリアできていない。それに加えて、対象となった成人のうち「コンピュータ経験なし」「コンピュータ導入試験不合格」「コンピュータ調査拒否」が合わせて36・8％もいる。

この結果をわかりやすくいうと、次のようになる。

①日本人のおよそ3分の1は日本語が読めない。

② 日本人の3分の1以上が小学校3～4年生の数的思考力しかない。
③ パソコンを使った基本的な仕事ができる日本人は1割以下しかいない。
④ 65歳以下の日本の労働力人口のうち、3人に1人がそもそもパソコンを使えない。

「そんなバカなことがあるはずはない」と思ったひともいるだろう。だがこれはOECDの依頼を受けた公的機関が実施した調査結果で、それを疑わしいと感じるのはあなたが知能が高いひとたちの集団のなかで生活しているからにすぎない。

しかし、驚きはこれにとどまらない。こんな悲惨な成績なのに、日本はOECDに加盟する先進諸国のなかで、ほぼすべての分野で1位なのだ。だとすれば、他の国はいったいどうなっているのだろうか。

OECDの平均をもとに、PIAACの結果を要約してみよう。

① 先進国の成人の約半分（48・8％）はかんたんな文章が読めない。
② 先進国の成人の半分以上（52％）は小学校3～4年生の数的思考力しかない。
③ 先進国の成人のうち、パソコンを使った基本的な仕事ができるのは20人に1人

（5・8％）しかいない。

無意識は高い知能をもっている

ＰＩＡＡＣの衝撃的な結果はなにを意味しているのだろうか。それは、「ずっとむかしからこんなものだった」ということだ。一般知能（ＩＱ）の遺伝率の高さ（77％）を考えれば、数世代で知能が大きく上がったり下がったりするはずはないのだから。

日本人の3分の1が日本語を読めず、小学生程度の数的思考力しかないとしても、これまでとくに問題にならなかったのは、それでもできる仕事がたくさんあったからだ。

誤解のないようにいっておくと、これは「バカでもできる仕事」のことではない。近年の脳科学は、無意識も知能をもっており、それはある領域では意識（論理的思考能力）を超えることを明らかにしつつある。

このことは、「アイオワギャンブル課題」と呼ばれる実験がよく示している。[5]

テーブルの上に4つのカードの山が置かれ、参加者はなんの情報も与えられずに、そこから順にカードを引いていく。ＡとＢの束のカードは大儲けするか大損するかのいずれかで、ゲームを続ければ全体としては損をする（ハイリスク・ハイリターン）。Ｃと

Dの束のカードは儲けも損も小さいが、続ければ確実に儲けられる（ローリスク・ローリターン）。

ほとんどの参加者は、4つの束すべてを試しているうちに、CとDの束からカードを引き、AとBの束のカードを避けるようになる。だが自分がなぜそのような判断をしているのかを説明することはできない。

そこで研究者は、参加者の皮膚伝導反応（指先などのわずかな発汗）を計測してみた。すると、参加者がAやBの束からカードを引こうかどうかと迷っているとき、皮膚伝導反応に顕著な増加が見られた。

これは緊張や警戒の合図で、なんらかの方法で脳から指先に「この選択はまちがっている」という信号が送られたことを示している。それがふたたび脳にフィードバックされて、危険なカードを避けるという選択をするのだ。――意識がトランプの束のちがいに気づく前に、無意識はAとBの束が危険であることを「直感」によって知らせていた。

複雑で危険な環境で生き延び、より多くの子孫を残すためには、脳は世界を正確に評価し、瞬時に決断しなければならない。だが私たちの意識はほとんどの場合、どれがいちばんよい選択かを見つけ出すにはあまりにも遅すぎる。進化論的にいうならば、私たちのこころは、面倒なことを無意識に任せることでもっとも効率的に働くよう設計されているのだ。

この無意識の知能を「暗黙知」と呼ぶならば、家内工業的なものづくりでも、多数の労働者が複雑な連携作業を行なう工場でも、かつてはこの「(意識化できない)職人の知恵」が重要な役割を果たしていたはずだ。

だが知識社会が高度化するにつれて、職人の知恵はマニュアル化され、アルゴリズム(プログラム)に置き換えられていった。マニュアルができれば、労働者はそれに従って定型化された作業をすればいいのだから、人件費の安い新興国に工場をつくった方が利益は大きくなる。プログラム化が可能な仕事はそもそも人間を使う必要はなく、機械(ロボット)に24時間365日やらせればいいだけだ。

じつはPIAACの設問例(会議室予約)のような「ITスキル」も、コンピュータで自動化されてもはや不要になっている。パソコンを使った基本的な仕事ができるのは日本の労働者の1割以下、先進国では20人に1人だが、そんな彼ら/彼女たちですら「スキルが足りない」と見なされる世界がもうすぐやってくる。

AIなどテクノロジーの急速な進歩によって、労働者が要求される知能(スキル)のハードルはますます上がりつづけている。高度化した知識社会では、それに適応できない膨大なひとたちが生まれることは必然なのだ。

知能とポピュリズム

ＯＥＣＤが成人の基礎的能力を計測しようと試みたのは、欧州を中心に高い失業率が社会問題になっているのに、経営の側から「いくら求人を出しても必要な人材を雇えない」という不満が高まっているからだという。

伝統的な経済学では、労働者の能力を均質と仮定し（あるいは一定の範囲に収まるとして）、労働市場のミスマッチをなくせば完全雇用が達成できると考える。だが労働者が仕事に必要な最低限のスキルを満たしていなければ、どれだけ労働市場を改革しても失業者は減らない。

ＰＩＡＡＣの背景には、やはり欧州を中心に、排外主義的なポピュリズムの嵐が吹き荒れるようになったことがあるだろう。さまざまな調査で「極右」支持者（トランプ支持者も）の多くが、学歴が低く、ブルーカラーの仕事に従事していたものの工場の閉鎖などで仕事を失い、中流層から脱落しかけていることが示されている。

図表2　PIAACの分野別結果の下位5カ国

順位	読解力	数的思考力	ITスキル
19	ポーランド	アイルランド	イギリス
20	アイルランド	フランス	エストニア
21	フランス	アメリカ	アメリカ
22	スペイン	イタリア	アイルランド
23	イタリア	スペイン	ポーランド

「OECD国際成人力調査　調査結果の概要」国立教育政策研究所より作成

図表2はPIAACの参加23カ国のうち、「読解力」「数的思考力」「ITスキル」で下位5カ国を示したものだ。

この調査は2011～12年にかけて行なわれたが、この結果はその後、世界を揺るがせた政治的な出来事を予言していないだろうか。

2016年6月、イギリス（ITスキル19位）で国民投票が行なわれ、EU離脱派が多数を占めた。同年11月、アメリカ（数的思考力・ITスキル21位）大統領選挙で、メディアや専門家の予想を覆してドナルド・トランプが当選した。

2017年5月、フランス（読解力21位、数的思考力20位）の大統領選挙で「極右」の国民戦線（現・国民連合）のマリーヌ・ルペンが決選投票に残った。ポーランド（読解力19位、ITスキル23位）では難民問題を機に、2015年に排外主義的な右派政権「法と正義」が政権を奪取した。

イタリア（読解力23位、数的思考力22位）では2018年

6月、北部を基盤とする「同盟」と南部の「五つ星運動」の2つのポピュリズム政党が連立してコンテ政権が成立した。同じ6月、スペイン（読解力22位、数的思考力23位）では中道右派のラホイ政権に対する内閣不信任案が可決して政権交代し、左派のポピュリスト政党ポデモスが存在感を増している。――アイルランド（読解力20位、数的思考力19位、ＩＴスキル22位）は相対的に安定しているが、２００９年のユーロ危機では国家破産の寸前に追い込まれている。

ここから、それが生得的なものか、なんらかの環境によるものかは別にして、**「知識社会に適応できない国民が多いほどポピュリズムが台頭し、社会が混乱するのではないか」**という素朴な疑問が生じないだろうか。

欧米の「右傾化」について、国際政治学者などの専門家はさまざまな解説をしている。トランプ現象の背景には、アメリカの白人が少数派になりつつあり、彼らのアイデンティティが揺らいでいるという「人種問題」がある。ヨーロッパの「極右」台頭は、右傾化というより、これまで築いてきた年金や医療など社会保障制度を守りたいという生活保守だ……。こうした指摘はどれも現実の一面をとらえているが、だからといって、ＰＩＡＡＣの結果にもとづいたこの単純な説明を一笑に付すことができるだろうか。

知識社会に適応できるのは1割強

先進国に膨大《ぼうだい》な数の「文章の読めないひと」がいるという不都合な事実は、じつは1970年代のアメリカですでに指摘されている。

成人達成水準（APL）は1973年にテキサス大学で開発された「成人として生きていくために身につけなくてはならない知的水準」だが、合衆国教育局はそれに基づいて、1970年代初頭のアメリカでは5700万人の国民が初歩的な仕事をこなすのに必要な識字能力が欠如していると試算した。そのうち2300万人が職務や日常生活不適格者で、残る3400万人は、なんとかやってはいるが「堪能ではない」者だ。

「非識字（illiterate）」はほとんど字が読めないことで、「半識字（semiliterate）」は、字はすこし読めるが社会生活に必要な水準に達しないこととされる。なんらかの疾患や障害によって読み書きができないわけではないから、これは「機能的非識字」と呼ばれている。

1970年のアメリカの人口は約2億で、成人人口を1億5000万とするならば、非識字が15％、半識字が23％で、全体の約4割が機能的非識字となる。人種別では黒人がもっとも多く、44％がアメリカ社会への参画に必要な識字能力を欠くが、機能的非識字は白人でも珍しくなく、これは人種問題ではなく社会問題だ[6]。

その後アメリカでは、国立教育統計センターが1992年と2003年に成人のリテラシーについて大規模な調査を行なっている[7]。03年の調査では、「（非識字に相当する）基礎的水準に満たない者」が文章読解能力で14％、図表読解能力で12％、数的能力で22％、「（半識字に相当する）基礎的水準」と見なされたひとたちは文章読解能力で29％、図表読解能力で22％、数的能力で33％にのぼり、最初の調査から30年たっても状況が一向に改善されていないことを示している。

これを人数に直すと、21世紀のアメリカでは、成人人口約2億1600万人のうち、難しい文章を読めないひとが約9200万人、地図や図表を理解できないひとが約7300万人、コンピュータを使った作業ができないひとが約1億2000万人もいて、すべての分野にわたって「優秀」と評価されたひとは成人人口のおよそ13％（約2800万人）程度だ。彼らが知識社会に適応したひとたちだとすれば、残りの87％（約1億9000万人）は、程度の差はあれ、適応になんらかの困難が生じていることになる。

先進国ですら、大半の労働者は知的作業が要求するスキルを満たしていない。――これが、私たちが生きている世界の「ファクト（事実）」だ。

こうした数字を示すことは、差別や偏見を助長しないだろうか。だが、アメリカの非識字問題を最初に取り上げ、自らも貧しい黒人に読み書きを教える社会活動に取り組んだジョナサン・コゾルは「リベラル」な態度をこう批判する。

逆境にいる社会的被害者の人間的尊厳を大切にしたいと思う気持と、そのような人がこうむる能力面における劣勢をかたくなに否定することとは、理性的に区別しなければならない。若いとき識字能力を潰された人々も、親の世代になって、「我々知識人エリートが持つ識字能力がなくても、立派に生活している」という主張が通るのだったら、そういう人々を特別に考慮せよという主張もできなくなる。（中略）社会的犠牲としての非識字が世代をまたがる事実を教条的に否定しても、犠牲者自身や真実にとってプラスにならない。心情的に困難ではあっても、もし悲劇を本当になくしたいのであれば、事実を事実として直視しよう。[8]

1 「人種と知能」を語る前に述べておくべきいくつかのこと

「人種と知能」は現代社会における最大のタブーだ。この話題は「人種差別」と表裏一体で、ひとたび「レイシスト（人種主義者）」のレッテルを貼られると社会的に葬り去られてしまう。

そこで本論に入る前に、いくつか大切なことを述べておきたい。

なぜ知能が問題になるのか？

いうまでもないことだが、リベラルな社会では「個人の努力ではどうしようもないもの（運命）」を理由にした差別は許されない。これは人種だけでなく、民族・国籍・身分・出自・性別・性的指向・障がいなども同じだ。そのなかで人種が常に問題にされるのは、もっともアイデンティティと結びつきやすいからだろう。

アイデンティティは「社会的な私」の核心にあるもので、徹底的に社会的な動物であるヒトにとって、それを否定されることは身体的な攻撃と同じ恐怖や痛みをもたらす。人類が進化の大半を過ごした旧石器時代の狩猟採集生活では、集団（仲間）から排除されることはただちに「死」を意味した。自己は社会＝共同体に埋め込まれているのだ。

アイデンティティ（共同体への帰属意識）は、「俺たち」と「奴ら」を弁別する指標でもある。それに最適なのは、「自分は最初からもっていて、相手がそれを手に入れることがぜったいに不可能なもの」だろう。黒人やアジア系は、どんなに努力しても「白い肌」をもつことはできない。これが、中流の崩壊とともにアメリカの貧しい白人たちのあいだで「白人アイデンティティ主義（白人至上主義）」が急速に広まっている理由だ。彼らは「人種差別主義者」というより、「自分が白人であるということ以外に誇るもののないひとたち」だ。

同様に「男であること」は、（性転換しないかぎり）女性が自分と同じになれないことからアイデンティティ化し、「女性嫌悪（ミソジニー）」の差別意識を生み出す。ヒンドゥーでは自らの出自（カースト）を変えることができないし、ユダヤ教では母親がユダヤ人でないかぎり子どもはユダヤ人になれない。

変更可能なアイデンティティもあるが、それは別のやっかいな問題を生み出す。

ムスリム（イスラーム教徒）になるには「アッラーのほかに神はなし」と宣言すればいいだけだが、だからこそＩＳ（イスラム国）のような原理主義者は、「ほんとうのイスラーム（俺たち）」と「にせもののイスラーム（奴ら）」を区別しようと過激化する。――これはキリスト教原理主義でも同じだし、日本では仏教原理主義のカルト集団であるオウム真理教が地下鉄サリン事件を起こした。

日本で「ネトウヨ」と呼ばれるのは「自分が日本人であるということ以外に誇るもののない」愛国原理主義者のことだが、人種とちがって国籍は変更可能だ。だからこそ彼らは、意に沿わない者たちを「在日認定」して「日本人でないもの（奴ら）」の側に排除し、帰化して「日本人（俺たち）」にならないよう外国人（地方）参政権に強硬に反対し、「朝鮮半島にたたき出せ」と叫ぶ。

世界を「俺たち（善）」と「奴ら（悪）」に分割し、善悪二元論で理解しようとするのは、それがいちばんわかりやすいからだ。古代ギリシアの叙事詩からハリウッド映画まで、人類はえんえんと善が悪を征伐する物語を紡いできた。

世界を複雑なものとして受け入れることや、自分が「悪」で相手が「善」かもしれない可能性を疑うことは、この単純な世界観をはげしく動揺させる。それは、陳腐で平板な世界でしか生きられないひとたちにとってものすごく不安なことなのだろう。
現代社会を蝕む病は、脆弱《ぜいじゃく》なアイデンティティしかもてなくなったひとたちがますます増えていることだ。彼らは名目上はマジョリティだが実体は「社会的弱者」で、だからこそ自分より弱いマイノリティにはげしい憎悪を向ける。[9]
なぜ世界じゅうのあらゆる場所でアイデンティティが不安定化し、憎悪がぶつかり合うのだろうか。それはよくいわれるように「格差」が拡大しているからであり、社会が「分断」されているからだが、その原因は「ネオリベ化」や「グローバリストの陰謀」ではない。
知識社会とは、その定義上、高い知能をもつ者が社会的・経済的に成功する社会のことだ。そう考えれば、知識社会における経済格差とは「知能の格差」の別の名前でしかない。「知能」の問題から目を背けて、私たちがどのような世界に生きているのかを理解することはできない。

統計的事実とブラックスワン

「日本人（20歳）の平均身長は男性170センチ、女性158センチ」というのは統計的事実だ。「知り合いの男の子は身長165センチしかない」とか、「モデルの娘は身長175センチだ」といってこの事実を否定するひとは（たぶん）いないだろう。世の中には背の低いひとも高いひともいる（身長の分布がばらついている）ことは誰でも知っている。正規分布（ベルカーブ）の場合、そのばらつきのなかでもっとも頻度が高いのが平均値になる。

それに対して「ハクチョウは白い鳥だ」というのは定義だ。「A＝B」の関係が普遍的に（どのような場合でも）成り立つとの主張は、たったひとつの例外で木っ端微塵《こ　ぱ　み　じん》に粉砕されてしまう。1697年にオーストラリアでコクチョウ（ブラックスワン）が発見されたことで、「ハクチョウ＝白い鳥」という常識は覆された。

こんなことは当たり前だというかもしれないが、世の中には統計的事実と定義を混同するひとがいる、それもものすごくたくさん。

『言ってはいけない』で、行動遺伝学によれば「一般知能（IQ）の遺伝率は77％」と述べた。これは統計的事実で、「知能の分布のばらつきの約8割を遺伝で説明できる」という意味だ。

ところがこれに対して、「親が高卒なのに子どもは東大に入った」とか、「医者の知人の子どもは高校中退だ」などの（たまたま知っている）経験的事実を引き合いに出して、「この本に書いてあることはデタラメだ」と自信たっぷりに断言する批判があふれた。インターネットのレビューを一瞥《いちべつ》すれば、この類《たぐい》がいかに多いか驚くだろう。中学校で習うようなことだろうが、統計的事実を経験的事実（外れ値）によって否定することはできない。

これは典型的な誤謬《ごびゅう》だが、それとは逆に、「統計的事実の一般化」という誤解も頻繁に見られた。

「知能における遺伝の影響は思っているより大きい」というのは行動遺伝学が双生児研究によって積み上げた知見だが、そこから「知能は遺伝で決まっている」と決めつけることはできない。「喫煙はがんのリスク因子」という統計的事実から、「喫煙者はかならずがんになる」といえないのと同じだ。ヘビースモーカーでも長寿をまっとうするひとはいる（ただし、喫煙ががんのリスクを高めることはまちがいない）。

ところがヒトの脳は、直観的には因果律しか理解できないようにつくられているため、あらゆる出来事に無意識のうちに原因と結果の関係を探す。これが、自分にとって不愉快な統計的事実を定義と混同し、それを否定するために経験的事実を「ブラックスワン」として持ち出すいちばんの理由だろう。

わかりやすい例外を強調すること（こんなヒドい話がある）は、ポピュリストによるプロパガンダの常套《じょうとう》手段でもある。気に入らない意見を封殺するために同じ手法を使うなら、ナチスがこれを効果的に使ってユダヤ人を絶滅しようとした歴史を思い出すべきだろう。

差別とは合理的に説明できないこと

2015年1月、フランスの風刺雑誌『シャルリー・エブド』の編集部がイスラーム過激派の武装集団に襲撃され、編集スタッフや警官など12名が犠牲になった。日本で「リベラル」を自称するひとたちはこの事件を受けて、「テロは否定するが、ひとが嫌がるようなことをする表現の自由はない」と口々に述べた。

だがこのきわめて情緒的な理解は、世界標準（グローバルスタンダード）のリベラリズムからかけ離れている。差別的な言論は表現の自由を制限されてもやむをえないが、それは相手が不快に思うかどうかではなく（そうであれば「私は傷ついた」といえばどのような言論も封殺できる）、「アカウンタビリティ（証拠によって合理的に説明できること)」で判断するのが〝世界標準〟のリベラルの原則だからだ。

具体的に説明しよう。次の2つの主張を比較してほしい。

① 女性が仕事をもつと子どもをつくらなくなるから、社会進出を抑制すべきだ。
② 男と女では仕事の適性が異なるから、女性には向かない仕事がある。

どちらも同じように思えるが、①は差別発言で②は女性差別とはいえない。

女性の社会進出が少子化の原因になるとの主張には根拠がない。経済発展によって中産階級が増えると子どもの数が減るのはたしかだが、現役世代の女性のほぼ全員が仕事をする北欧の出生率が1・7前後なのに対して、女性の社会進出が遅れたスペインやイタリアの出生率は1980年代から急速に低下して、いまでは1・4を下回っている。証拠(エビデンス)は、女性の高学歴化が進んだ先進国では、母親を家庭に押し込めて子育てに専念させるより、保育園などを整備して女性が働きやすい社会をつくった方が安心して子どもを産めることを示している。

それに対して②の主張は、合理的な説明が可能だ。

伝統的なフェミニズムでは、男と女は生殖器官を除いてまったく同じだとされてきた。だがいまでは、言語中枢とされる脳の左半球に卒中を起こした男性の言語性IQが平均で20％低下するのに対し、女性は9％しか低下しないことがわかっている。これは男性の脳の機能が細分化されていて言語を使う際に右脳をほとんど利用しないのに対し、女性の脳では機能が広範囲に分布しており、言語のために脳の両方の半球を使っているからだ[10]。

男女の権利が平等なのは当然だが、脳の機能のちがいが仕事の好き嫌いや適性に反映されている——。この主張が「差別」でないのは、反証可能なかたちで提示されているからだ。納得できないのであれば、性別によって脳の機能にちがいがあっても職業適性には影響しないと、証拠に基づいて反論すればいい。いずれが正しいかは別として、これは学術論争であって差別問題ではない。

遺伝率と遺伝決定論

遺伝率とは、身体的特徴やこころの特徴（知能や性格、精神疾患など）のばらつきのうち、どの程度を遺伝で説明できるかの指標だ。遺伝率100％ならすべて遺伝で説明できるから「遺伝決定論」になるが、現実には身長や体重ですら環境の影響を受ける(幼児期の栄養状態が悪いと成長は阻害される)。

俗に「氏が半分、育ちが半分」というが、行動遺伝学は育ち(環境)を「共有環境」と「非共有環境」に分ける。専門的にはさまざまな議論があるが、在野の心理学者ジュディス・リッチ・ハリスは共有環境を「子育て」、非共有環境を「友だち関係」として、子どもは遺伝的なちがいをフック(手がかり)にして、友だち関係のなかで自分をもっとも目立たせるような「キャラ」をつくっていくのだと考えた。[11] 本書もハリスに従って、「遺伝」「子育て」「友だち関係」によって「私」がつくられると考えよう。

『言ってはいけない』でも述べたが、行動遺伝学が発見した「不都合な真実」とは、知能や性格、精神疾患などの遺伝率が一般に思われているよりもずっと高いことではなく(これは多くのひとが気づいていた)、ほとんどの領域で共有環境(子育て)の影響が計測できないほど小さいことだ。――音楽や数学、スポーツなどの「才能」だけでなく、外交性、協調性などの性格でも共有環境の寄与度はゼロで、子どもが親に似ているのは同じ遺伝子を受け継いでいるからだ。

ところが子育ての大切さを説くひとたちは、親の努力によって子どもの運命が決まるかのような主張をする。これがほんとうだとすれば、子育てに成功した親は気分がいいだろうが、「失敗」した親は罰せられることになる。

どんな子どもも親が「正しい教育」をすれば輝けるなら、子どもが輝けないのは親の責任だ。「犯罪が遺伝する」ことがあり得ないなら、子どもが犯罪者になるのは子育てが悪いからだ——という理屈もいまでは「言ってはいけない」ことになったので、「社会が悪い」となった。「人権」を振りかざす〝自称〟リベラルが目指すのは、「努力が報われる」遺伝率ゼロの世界なのだ。

しかしこの主張が正しいとすると（私はそうは思わないが）、同性愛はどうなるのだろうか。

知能や性格が遺伝しないなら、性的指向も同様だろう。同性愛は親の「歪《ゆが》んだ」子育てや幼少期の「異常な」友だち関係によって生じた病理で、本人の「努力」で克服できることになる。これはいうまでもなく、同性愛を「神への冒瀆《ぼうとく》」とする宗教原理主義者たちの主張と同じだ。遺伝率ゼロの理想社会は、同性愛者を徹底的に差別する世界になるだろう。

もちろん「リベラル」なひとは、こうした批判に耳を貸さないだろう。彼らは、「知能や精神疾患、犯罪は遺伝しないが、同性愛は生得的だ」というにちがいない。なぜなら科学的に正しいかどうかには関係なく、すべては「政治的に正しい」べきだから。これがPC（Political Correctness／政治的正しさ）で、1970年代以降、アメリカのアカデミズムでは「科学」と「政治」のどちらを取るかが大論争になった。[12]——日本のアカデミズムではまったく話題にならなかったが。

同性愛は生得的なものか？

1980年代に心理学者J・マイケル・ベイリーは、ゲイ雑誌や新聞に広告を出して、2人のうちすくなくとも1人がゲイである110組の双子を集めた。行動遺伝学の手法を用いて、一卵性双生児と二卵性双生児を比較することで性的指向の遺伝率を推計しようとしたのだ。

双子のうち56組は一卵性双生児で、どちらもゲイである割合は52％だった。残りの54組は二卵性双生児で、どちらもゲイだったのは22％だった。それに対して、一般人口でのゲイの割合はおよそ10％と推定されている。

一卵性双生児は、同じ受精卵が初期の段階で2つに分かれ、独立した個体に育ったのだから、2人は完全に同一の遺伝子を共有している。それに対して二卵性双生児は、子宮に二個の受精卵が着床して生まれ、通常の兄弟姉妹と同じく、およそ50%の遺伝子を共有しているだけだ。

性的指向に遺伝が関係しないのなら、一卵性双生児でも二卵性双生児でもゲイの割合は同じで、それは一般人口のゲイ比率（10%）に等しいはずだ。しかしベイリーの調査では、（遺伝子のおよそ50%を共有する）二卵性双生児のゲイ比率は一般のゲイ比率の2倍、（すべての遺伝子を共有する）一卵性双生児のゲイ比率は二卵性双生児のさらに2倍以上だった[13]。

一卵性双生児でも1人がゲイでもう1人がストレートというケースが半数ちかくあるのだから、性的指向が遺伝のみで決まるとはいえない。しかしそれでも、ベイリーの調査は、「同性を好きになるのは（かなりの程度）生得的なもので、親の子育てや本人の努力ではどうすることもできない」という〝リベラル〟な立場が正しいことを強く示唆している。

だとすれば、ゲノムのどこかに「ゲイ遺伝子」があるのだろうか。

「ゲイ遺伝子」の発見

1990年代はじめ、米国立がん研究所の研究員ディーン・ヘイマーは、どちらもゲイである兄弟が共有しているゲノムの部分を特定することで「ゲイ遺伝子」を単離できるのではないかと思いついた。

性的指向と遺伝の謎を解くべく、ヘイマーは手始めに114人のゲイ男性の参加者の家系図をつくったが、そこには顕著な特徴があった。家系図を描く際、どの家族についても左側に父方の親戚を、右側に母方の親戚を置いたところ、ゲイの男性は右側に、ストレートの男性は左側に集まる傾向があったのだ。ゲイの男性にはゲイのおじがいる場合が多かったが、そうしたおじは母方だけにいた。遺伝学者にとってこのパターンは馴染み深いもので、性的指向に関係する遺伝子がX染色体上に存在することを示していた。――性染色体は男性がXY型、女性がXX型のため、X染色体の異常は父系よりも母系で遺伝しやすい。

次にヘイマーは、40組のゲイの兄弟のX染色体をストレートの兄弟と比較し、高頻度で共有しているDNA配列を絞り込んでいった。X染色体上に広がる22個のマーカーについて調べたところ、40組のゲイの兄弟のうち33組が、*Xq28*と呼ばれるマーカーを共有していることがわかった。兄弟は平均して50％の遺伝子を共有するから、通常なら半数の20組が同じマーカーをもつことになる。それが13組も多い確率は1万分の1以下で、ヘイマーは*Xq28*の近くに男性の性的指向を決定する遺伝子が存在すると考えた。[14]

1993年に「ゲイ遺伝子」の論文が発表されると、たちまち一大センセーションを巻き起こした。同性愛を神への冒瀆とみなす保守派は、ヘイマーは同性愛を生物学的に正当化したと批判した。同性愛者の権利を訴える活動家からは、「ゲイの検査」にもとづく新たな差別を引き起こすと非難された。「科学の力でゲイを撲滅できるはずだ」とか、「大勢の母親が罪悪感に駆られるだろう」と書いた新聞もあった。さらには、遺伝子検査によって同性愛の子どもをもうけることを避けるべきかが議論された。

その後、いくつかの追試が性的指向と*Xq28*の関連を調べたが結果はまちまちで、いまだに結論は出ていない。ただし*Xq28*の関与を確認できなかった実験でも、その代わりに別の染色体との関連が見つかっており、性的指向が遺伝的なものであるとの認識は専門家のあいだで共有されつつある。おそらくは同性愛か異性愛かを決める特定の遺伝子があるのではなく、性的指向は複数の遺伝子と環境がかかわる複雑な過程で決まるのだろう。

ちなみに、同性愛者の団体から「ゲイへの差別を助長する」と批判されたヘイマーは自身が同性愛者であることをカミングアウトしている。[15]

同性愛はなぜ自然選択されたのか？

同性愛に遺伝が（かなり）強くかかわっているとして、なぜそのような遺伝子が進化の過程で残ってきたのだろうか。利己的な遺伝子は自己の複製を最大化するよう生き物を「設計」するはずだから、子孫を残さないような性的指向が選択されたはずはない。そしてこれが、「神の摂理に反する」として同性愛者が差別されたもっとも大きな理由だった。

ところが2004年、イタリア、パドヴァ大学のアンドレア・カンペリーノ・キアーニらがコロンブスの卵ともいうべき説を唱え、同性愛が進化の過程で自然選択されることを示した。

キアーニと研究チームは、98人の男性同性愛者と100人の異性愛者の男性に面接し、合計4600人にのぼる彼らの親族の家族歴を調べた。そこでわかったのは、ゲイ男性の母方の女性血縁者、つまりは母方の従姉妹《いとこ》やおばは、異性愛者の従姉妹やおばたちよりも、はるかに多くの子どもを産んでいるということだった。[16]

同性愛者の男性の母方の親族だけに多産の傾向が見られたということは、男性が母親から受け継ぐX染色体上に「ゲイ遺伝子」があることを示している。これはヘイマーの研究とも整合的だ。また２００８年のキアーニの研究では、バイセクシュアルの男性も同性愛者と同じく、母方の親族に子どもの数が多いことがわかった。

　これはいったいどういうことだろうか。

　男性と女性が平均して２人の子どもをもうけるとしよう。兄と妹なら４人の子どもをつくるはずなのに、兄が同性愛者だと子どもは２人に減ってしまう。利己的な遺伝子は冷酷なまでに合理的なので、こんな非効率なことはしないはずだ。

　だがＸＹ型の性染色体をもつ兄が同性愛者で、その遺伝子がX染色体上にあるということは、ＸＸ型の性染色体をもつ妹も同じ「ゲイ遺伝子」を保有していることになる。そしてなんらかの理由でこの妹が５人の子どもを産むならば、家族ぜんたいでの子どもの数は「ゲイ遺伝子」をもたない兄妹より１人多い。父親は子どもと50％の遺伝子を共有し、姉の子ども（いとこ）とは25％の遺伝子を共有しているから、遺伝子の包括適応度で考えれば、1人の子どもは2人のいとこと等価になる。

もちろん実際の家族はこんなシンプルではない。そこで次に、兄弟と2人姉妹の家族を考えてみよう。「ゲイ遺伝子」があっても必ず同性愛者になるわけではないから、兄がゲイで弟が異性愛者としよう。すると、平均的には8人の子どもをもつはずだったこの家族は、(兄がゲイであることで)子どもの数が6人に減ってしまう。

だがX染色体上に「ゲイ遺伝子」があるのだから、2人の姉妹もこの遺伝子を共有している。そしてなにかの理由で彼女たちが3人の子どもをもつとしたら、弟の2人の子どもと合わせて家族ぜんたいで子どもの数は8人となり、ゲイの兄は包括適応度で4人の子どもをもつことと等価になる。——従姉妹やおばを含め、家系のなかで母方の女性が多くの子どもを産むのなら、「利己的」な理由からゲイ遺伝子は子孫に伝えられていくのだ。

「ゲイ遺伝子」をもつ女性はなぜ多産なのだろうか。妊娠しやすいとか、出産が楽とか、いくつかの理由が思い浮かぶだろうが、もっとも説得力があるのは「ゲイがどういうひとか?」を考えてみることだ。

BL(ボーイズラブ)は美しい男の子を好きになることだが、逆にいえば、男の子から愛されることでもある。ゲイとは、「男から見て魅力的な男性」のことだ。だとすれば、この同じ遺伝子を受け継ぐ姉妹も、同様に男性から魅力的に見えるのではないだろうか。

このようにしてキアーニは、なぜ「ゲイ遺伝子」があるのかをきわめて明快に説明した。それは（男に対する）性的魅力をつくる役割を担っているのだ。だからこそ、ゲイ遺伝子をもつ男性は同性愛者になり、同じ遺伝子をもつ女性は周囲の男性にもてることでたくさんの子どもを産む。これを差し引きすれば、平均的な（たいしてもてない）男女よりも効率的に遺伝子を複製できるのだ。――ここから芸能人（大衆から魅力的だと思われるひと）にゲイが多い理由を説明できるかもしれない。

もちろんこれ以外にも、胎内で浴びるホルモンが子どもの性的指向に関係するという有力な証拠が数多くある。男性ホルモンを大量に浴びた男性は、ほかの男性に惹《ひ》かれやすいというのだ。

「2人以上男の子が続いたあとに生まれた子どもは、ゲイになる確率が高くなる」との研究もある。

妊娠が連続することで母親の胎内で浴びるアンドロゲンのレベルが高くなり、極端に男性的になることが性的指向に関係するのだと考えられている。[17]

自民党の女性国会議員が同性愛者などに対し、「彼ら彼女らは子供を作らない、つまり『生産性』がないのです」と述べたことが大きな問題になった。ひとの価値を「生産性」で判断することが論外なのはもちろんだが、それ以前にこの認識は事実として間違っている。

有性生殖は信じられないほど複雑で、解明されるべきことはまだまだある。だが現代の遺伝学は、同性愛が「生産性」が低いのではなく、「魅力的な男性と女性」を生み出す合理的な進化のメカニズムであることを着々と証明しつつある。

リベラルな社会ほど遺伝率が上がる

「リベラル」なひとたちは、遺伝率の低い（努力が報われる）社会のほうが「政治的に正しい」と考えている。だがなかには「ゲイ遺伝子」のように、生得的であることが差別をなくすのに有利な場合もある。だとすればわれわれは、「性的指向は遺伝的だが知能は遺伝しない」政治的に正しい社会を目指せばいいのだろうか。

行動遺伝学に対する正当な批判に、「遺伝率は相対的なものだから、〝知能の遺伝率は

80％〟のように、絶対的なものとして語るのはおかしい」がある。

私（人格）は遺伝と環境によってつくられ、環境は共有環境と非共有環境に分けられる。これをまとめると、

私（人格）＝遺伝＋環境（共有環境－非共有環境）

となる。

共有する遺伝子と共有環境はきょうだいをお互いに似させるちから、異なる遺伝子と非共有環境は別々にするちからだ。一卵性双生児は同一の遺伝子をもっているが、非共有環境（友だち関係）の効果によって異なる人格になる。——家庭内でも兄・姉と弟・妹で扱いがちがうこともあるだろう。

この単純な足し算と引き算からわかるように、環境の影響が大きくなれば遺伝率は下がり、逆に環境の影響が小さくなれば遺伝率は上がる。

「子どもたちの教育程度に差があるのは、親の経済状態によって進学できるかどうかが決まるからだ」という主張は、ある程度は正しい。

しかしそうなると、社会がどんどん平等になれば、生育環境（親の経済状態など）の

ちがいはなくなっていくのだから、原理的に遺伝率は上がっていくはずだ。——遺伝と環境の影響がそれぞれ50％として、生育環境の影響力が30％に下がれば遺伝率は70％に上がる。

これとは逆に、どんどん社会が不平等になれば、親が金持ちか貧乏人かで受けられる教育がまったくちがうのだから、生育環境の影響が大きくなって遺伝率は下がるはずだ。——同じく遺伝と環境の影響がそれぞれ50％として、生育環境の影響力が70％に上がれば遺伝率は30％に下がる。

「そんなものはただの理屈だ」と笑うかもしれない。しかし1985年に、ノルウェーの大規模な双子データを使って研究者がこのことを検証している[18]。

それによると、1940年以前に生まれた男女は（大学進学など）教育達成度における環境の影響が47％、遺伝的な影響が41％（残りは統計誤差、以下同）だった。同じ手法で1940年から61年のあいだに生まれた男女を調べると、女性は環境の影響が38～45％、遺伝的な影響が41～50％で大きなちがいはなかった。だが同じく1940年以降に生まれた男性では、遺伝的な影響は67～74％に大きく上がり、それにともなって環境の影響は8～10％まで下がった。

これはいったいなにを意味しているのだろうか。

第二次世界大戦前のノルウェーはまだ身分制社会の影を引きずっており、だからこそ男も女も教育程度の半分は生まれた家庭によって決まった（貧しい家の子どもは高等教育を受けることがむずかしかった）。だが戦争が終わると社会はより平等になり、まずは貧しい家の男の子が金持ちの息子と同じように学校に通えるようになった。これによって生育環境の影響は大きく下がり、遺伝率が70％前後まで上がったのだ。だがこの調査が対象にしたのは１９６０年生まれまでで、貧しい家の女の子はまだ平等な教育機会が与えられなかった。だからこそ彼女たちの遺伝率は50％程度にとどまり、戦前とたいして変わらなかったのだ。

この研究が示すのは、「リベラルな社会ほど遺伝率が上がる」という単純な事実だ。だとすれば「リベラル」なひとたちこそが、環境のちがいで人生が決まることのない遺伝率１００％の理想世界を目指さなくてはならない。

2 一般知能と人種差別

1994年、1冊の分厚い本が、というかそのなかの1枚のグラフが全米に憤激《ふんげき》の嵐を惹き起こした。その本は行動計量学者の故リチャード・ハーンスタインと政治学者チャールズ・マレーの『The Bell Curve（ベルカーブ）』だ。

白人と黒人のIQのちがい

ハーンスタインとマレーはこの本のなかで、白人と黒人のIQ（知能指数）の平均が1標準偏差以上離れていることを示した（図表3）。薄いグレーが白人、濃いグレーが黒人のIQ分布で、白人の平均を100とすると黒人の平均は85になる。[19] 日本で学習進度を測る際に使われる偏差値は平均を50、1標準偏差を10としているから、こちらを使えば白人の平均偏差値が50で、黒人の偏差値は40だ。——白人のIQの平均が100なのは、知能検査がフランスの発達心理学者アルフレッド・ビネーによって20世紀初頭に

図表3　黒人と白人のIQ分布（NLSY〔全国縦断調査〕）

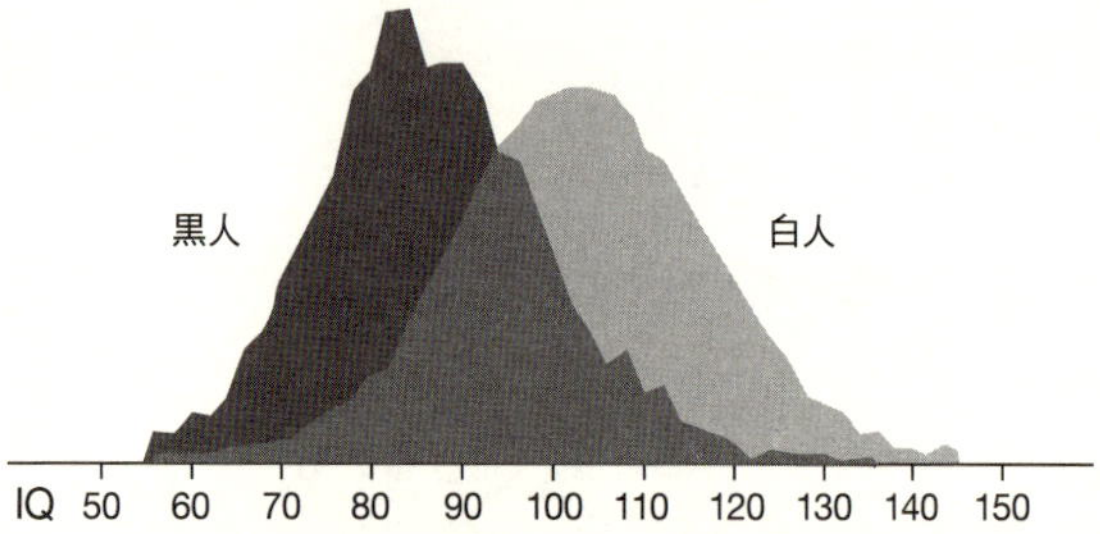

R. Herrnstein, C.Murray *The Bell Curve* より作成

開発されて以降、主にヨーロッパ系白人を対象に検証・改良されてきたからだ。

以下は統計の基礎だが、正規分布（ベルカーブ）では、平均から1標準偏差の範囲内に全体の約68％が、2標準偏差の範囲内に約95％が、3標準偏差の範囲内に約99・7％が含まれる。すなわちＩＱ１１５（偏差値60）以上は上位16％、ＩＱ１３０（偏差値70）以上は上位２・３％、ＩＱ１４５（偏差値80）以上は上位０・13％ということになる。同様に、ＩＱ85（偏差値40）以下は下位16％、ＩＱ70（偏差値30）以下は下位２・３％……ということだ。

白人と黒人のＩＱの平均が1標準偏差ちがうということは、（両者の知能の分布が同じだとするならば）平均的な白人のＩＱは黒人の上位

16％と同じになる（黒人の84％は平均的な白人よりＩＱが低い）。ＩＱ１１５（偏差値60）以上を大学入学の基準とするなら、これを上回るのは白人で16％、黒人で２・３％だ。すなわち、白人と黒人を同じ基準で選抜すれば、大学生６人のうち５人は白人になる。

しかしこれは、「すべての白人は黒人より優秀だ」ということではない。黒人の上位16％は平均的な白人よりＩＱが高く、白人の下位16％は平均的な黒人よりＩＱが低い。人種差別的な主張をする白人は、おそらくここに含まれるのだろう。

レイシストは誰か？

ここまではたんなる統計的事実だが、このような「人種差別」的な研究が許されるわけがないと思うひともいるだろう。だがこれはまったくの誤解で、白人と黒人のＩＱにかなりの「格差」があることは、マーティン・ルーサー・キングを中心に人種差別とのたたかいが始まった１９６０年代から公的機関によって繰り返し測定されており、それに対して公民権運動の活動家からの批判はいっさいなかった。そればかりか、「黒人のＩＱは白人よりかなり低い」という事実は、平等な社会を目指すうえでの前提だった。

1960年に白人と黒人の子どもたちのIQを調査したところ、平均値は白人が101・8、黒人が80・7だった。だがこのときテストを受けたのは南部出身の黒人の子どもで、北部出身の黒人児童のIQは85程度だった。――興味深いことに、黒人女性は男性より3〜4ポイントIQが高いが、白人ではこのような性差は観察されなかった。[20]

公民権運動の当時、「人種間の知能格差」が意味することは明らかだった。黒人のIQが白人より低いのは奴隷制・人種差別の「負の遺産」によるもので、だからこそ満足な教育機会が与えられない南部の黒人の子どもたちのIQは北部の黒人児童より低いのだ。「人種差別とのたたかい」によって平等な社会が実現すれば、当然のことながら、「知能の人種差」そのものが消失するだろう……。

1969年、アメリカの教育心理学者アーサー・ジェンセンが人種間の知能のちがいについて発表したときは、大学（カリフォルニア大学バークレー校）の研究室にデモ隊が押しかけ、暗殺されかねないほどの非難を受けた。だがこれも、ジェンセンが「黒人のIQは白人より低い」と指摘したからではない。それは（すくなくとも専門家のあいだでは）周知の事実だった。

ジェンセンは、人種間の知能の格差は（差別などの）社会的な要因よりも、人種ごとの生得的なちがい＝遺伝の影響が大きいとして、貧困家庭の子どもへの教育支援プログラム「ヘッドスタート（貧困層への教育援助）」にたいした効果は期待できないと主張した[21]。これが「リベラル」の逆鱗に触れたのは、ひとびとの努力によって差別のない平等な社会が実現したとしても（このことにジェンセンは反対していない）、人種間のＩＱの差はそのまま残ることになるからだ。これでは輝かしい未来への希望はすべて打ち壊されてしまう。

しかし、「ジェンセン・スキャンダル」から四半世紀たってハーンスタインとマレーが同様の主張をしたときには、ひとびとの反応は微妙なものになっていた。長期にわたる「人種差別とのたたかい」にもかかわらず、白人と黒人のＩＱ格差はほとんど変わっていなかったからだ。——より正確には両者のＩＱは年率０・２ポイントほどの割合で縮小しており、『ベルカーブ』には「21世紀半ばには白人と黒人の知能の差はなくなると期待できる」と書かれているが、これは反対派にとってなんのなぐさめにもならなかったようだ。

人種間の知能のちがいが差別によるもので、現在に至るまでその差がほとんど変わっていないとすれば、そこから導かれる論理的な結論はひとつしかない。法的・形式的には人種間で平等な権利が保障されたように見えても、黒人に対する差別はいまだにつづいているのだ。だとしたらいったい誰が差別しているのか？

リベラルな白人は差別に反対しているのだから、自分たちがレイシストでないことはまちがいない。そうなると残っているのは、奴隷制を「アメリカの歴史」だとして正当化しようとする南部の白人や、製造業が衰退したラストベルト（錆《さ》びついた地域）＝荒廃した中西部の街に取り残された貧乏な白人たちしかいない。「プアホワイト」とか「ホワイトトラッシュ（白いゴミ）」と呼ばれて馬鹿にされている白人たちこそが、黒人への人種差別の元凶なのだ……。

このように考えると、アメリカのリベラルなメディアがトランプの差別的な言動をどれほど批判しても支持率がほとんど下がらない理由がわかるだろう。地方の保守的な白人たちは、きれいごとばかりいう東部や西海岸のエリート＝リベラルをこころの底から憎んでいるのだ。

捏造された知能のデータ

植民地時代のヨーロッパ系白人は、自分たちがもっとも進化した人類であり、アフリカの黒人はサルに近く、黄色人種（アジア系）はその中間だと考えていた。こうした偏見のもとで、知能も黒人、黄色人種、白人の順に「進化」するのは当然と考えられていた。

人種と知能を関連づける「差別の科学」へのもっとも包括的な批判は古生物学者スティーヴン・ジェイ・グールドの『人間の測りまちがい　差別の科学史』（河出文庫）で、初版は1981年だが、1996年に『ベルカーブ』への批判が追加された。グールドはこの本で、ダーウィン以前の「頭蓋《とうがい》計測学」から説き起こし、誤った進化論にもとづく差別の歴史を得意の博覧強記《はくらんきょうき》で叙述していく。グールドによれば、『ベルカーブ』はこうした「差別の科学」のありふれたヴァージョンで、新奇な意匠《いしょう》をまとってひとびとを惑わしているだけなのだ。

『人間の測りまちがい』は「知能による差別」批判の決定版とされているが、これは逆にいえば、初版から40年、改訂増補版から20年以上たってもこれを超えるような著作が書かれていないということだ。あらゆる分野で科学が急速に進歩し、ＡＩやブロックチェーン、ゲノム編集などＳＦと見紛うようなテクノロジーが次々と登場しているにもかかわらず、なぜこの分野だけ時が止まったようになっているのだろうか。

じつは認知科学者のあいだで、いまではグールドの名前が言及されることはまったくといっていいほどない。とはいえこれは、グールドがまちがっていたということではない。正しかったからこそ、その激烈な批判は過去のものとして葬《ほうむ》り去られることになった。

グールド以前は、「知能が遺伝する」という行動遺伝学の知見を否定するために、その根拠となったイギリスの教育心理学者シリル・バートの1950年代の実験を取り上げるのが定番だった。バートは一卵性双生児のデータからIQにきわめて高い相関があることを発見し、それがジェンセンら「遺伝決定論者」の重要な論拠とされたが、1971年の死後に研究が再検証されると、データが「捏造《ねつぞう》」されているとの疑惑が浮上した。

この「バート・スキャンダル」は行動遺伝学にとって学問の土台を揺るがす大事件で、多くの論文・著作が書かれたが、本書ではその詳細に立ち入ることはしない。[22] なぜならもはや、この論争は意味をなさなくなっているからだ。

「知能が遺伝してはならない」とするひとたちは、「バートの双生児研究は捏造だ」と主張し、それが新聞（サンデー・タイムズ）やテレビ（BBC）で大々的に取り上げられたことで、双生児研究に基づく行動遺伝学の信用は地に堕《お》ちた。——その後の研究では、バートが苦労して集めた双生児データは第二次大戦のロンドン空襲で焼失し、それを復元する過程で過ちが生じたのであって、捏造の意図はなかったとの見解もある。

だが緒戦で大きな戦果をあげたこの手法は、たちまち「ブラックスワンの罠」であることが明らかになる。バートの双生児研究は行動遺伝学の最初期の成果だが、学問全体が彼の個人的研究のうえに築かれているわけではない（バートを批判すればすべてが崩壊するブラックスワンではない）。仮にバートの研究が捏造されていたとしても、より大規模な双生児のサンプルを使って、統計学的により洗練された手法で研究を行ない、「一卵性双生児の知能には強い相関がある」というバートの結論が正しいかどうかを検証してみればいいのだ。

そして実際に、行動遺伝学者たちはこの再検証を精力的に行ない、どのサンプルでも遺伝が知能に強い影響を及ぼしていることを証明した。バートの研究を捏造と騒ぎ立てた専門家たちは、「正しい研究」でも同じ結果が出ることを突きつけられ、沈黙せざるを得なくなった。こうしてバート・スキャンダルは、いまでは行動遺伝学の歴史のささいなエピソードのひとつになっている。

一般知能は「統計的実在」

グールドはきわめて聡明《そうめい》なので、バートの研究を「捏造」と批判するだけでは「差別の科学」に対抗できないことに気づいていた。そこで『人間の測りまちがい』では、「知能テストで計測されるＩＱ（一般知能）に意味はない」との主張を展開した。

現在行なわれているようなかたちで知能を計測したのは19世紀末のフランスのビネーで、そのきっかけは子どもたちの学習進度にかなりのちがいがあることだった。そのなかには、たんにやる気がない子どももいれば、もともと知能の低い子どももいた。精神遅滞児を簡便に識別することで子どもの特性に合った教育が可能になると考えたビネーが、教え子のシモンとともに開発したのがビネー・シモン検査だ（１９０５年のこの検査はその後も改訂され、１世紀にわたって使いつづけられた）。

同じころ、イギリスではチャールズ・スピアマンが知能を客観的に計測しようとしていた。英語、フランス語、古典、数学などのテストのほか、音や明るさ、重さの弁別などの精神テストも加えて調べたところ、それぞれの要素に正の相関があることにスピアマンは気づいた。英語ができる被験者は数学の成績もよく、音や明るさのちがいを素早く判別したのだ。

ここからスピアマンは、「あらゆる知能の上位には一般知能（g因子）がある」と主張した。知能は一般知能と数多くの特殊知能の二因子からなり、「一般知能g」はすべての課題に影響する。だとすれば特殊知能をいくら測っても意味はなく、知能を正しく推定するにはg因子に関係する課題を選べばいいのだ。――一般知能が高い子どもは学科にかかわらず勉強ができ、低い子どもは学習進度が遅いというのがIQ検査の基本的な考え方だ。

その後、アメリカの心理学者ルイス・レオン・サーストンが因子分析法を完成させ、一般知能gの存在を否定して「基本能力因子」説を唱えた。知能は言語能力、数能力、空間能力、知覚速度など7つの基本能力の組み合わせだというのだ。

サーストンは当初、スピアマンの一般知能gをつくりごとだと考えていたが、さまざまな児童に自らの知能テストを実施すると7つの基本能力因子は分離できず、互いにかなりの相関があることがわかった。スピアマンを批判したサーストンは、より厳密な統計的手法を使うことで、基本能力の上位にあるgを再発見したのだ。[23]

グールドは、一般知能gは統計的に導出される〝ヴァーチャル〟なものだという。それにもかかわらずスピアマンは生物学的実在だと信じ込み、ジェンセンや『ベルカーブ』の著者たちはこの過ちを無節操に受け入れることで、「知能」によって人間（人種）を序列化しようとしているのだ——。

グールドが力説するように、一般知能が脳の神経系のどこかに「生物学的」に潜んでいる証拠はなく、gがヴァーチャルなものであることはまちがいない。だが一方で、政治的・思想的立場が異なる多くの認知科学者がさまざまな手法で知能を計測しようとしてきたが、どのような検査でも「統計的」には上位の知能gが浮かび上がってくる。gは生物学的実在ではないかもしれないが、「統計的実在」であることは否定できないのだ。

日本における「知能の科学」の数少ない専門家の一人である村上宣寛氏は、「知能とは何か？」について専門家のあいだでじゅうぶんなコンセンサスは得られていないものの、一般知能gの（統計的）存在は否定できないとして、次のように述べている。

日本の心理学者の中には怪しげな宗教家のような人がいて、知能テストを差別の道具であると批判する人がいる。知能テストを批判しておくと居心地がよいからだ。[24]これは日本の文化水準が低く、サイエンスの価値が理解されていないからである。

「一般知能gは実在しない」というグールドは正しかった。だがそれでも、gを「統計的実在」として知能を科学することはじゅうぶん可能なのだ。

IQの高い黒人の子どもたち

ミネソタ大学の心理学者サンドラ・スカーとリチャード・ワインバーグは、1976年に、黒人などマイノリティの子どもを養子にした白人家庭の大規模な調査を行ない、裕福な養親に育てられた黒人の子どもの平均的なIQが白人の子どもと変わらないことを示した。[25]これは現在に至るまで、人種と知能の「遺伝決定論」を否定する論拠として繰り返し引用されている。

それまでも養子研究は行なわれていたが、異人種間の養子縁組（白人の夫婦が黒人の子どもを養子に迎える）が少なかったり、ある程度成長してから養子にしたりしているため、客観的な研究とはいえなかった（養親は賢い子どもを選択している可能性が高い）。それに対してスカーとワインバーグは、乳幼児を含むさまざまな年齢の黒人の子どもを養子にした家庭を101組も集めたばかりか、養親の実の子どもとの比較まで行なった。当時としては画期的な研究であることはまちがいない。

ミネソタ州の福祉施設などを通じて集められた養親の家庭の特徴は、裕福なことと両親の教育水準が高いことだった。世帯収入は1万5000ドルで、その後のインフレ率を勘案すると現在の7万ドル（年収800万円）程度に相当する。父親の典型的な職業は聖職者、技師、教師で、母親も教師や看護師などパートタイムの職に就いていることが多かった。

それに対して子どもを養子に出した黒人の母親は高卒がほとんどで、職業は看護助手か学生が多かった（実の父親については情報がない）。これは、若い（しばしば10代の）黒人女性が未婚のまま子どもを産んだものの育てられず、裕福でリベラルな白人家庭に養子に出すという「ありがち」なパターンを示している。

論文によると、黒人の子どもを養子にした白人夫婦の実の子どもの平均ＩＱは116・7で、それに対して生後1年以内に養子になった黒人の子どもの平均ＩＱは111・1だ。白人の平均的なＩＱが100で、黒人が85であることを考えると、この数字は驚くべきものだ。

ＩＱの測定はきわめて厳密かつ慎重に行なわれており、この結果を疑う理由はない。

だとすれば、早い段階でじゅうぶんな養育環境を与えることができれば、人種間の知能の差は消失するのだろうか。

1970年代に行なわれたこの研究にはさまざまな批判が可能だ。参加家庭は養子のいる家庭向けのニューズレターを見て応募したか、福祉事務所の依頼に応じており、ランダムに選ばれたわけではない（養子の養育に成功した家庭だけが選択されている可能性がある）。赤ちゃんのときに養子にした場合でも、精神遅滞などなんらかの障がいの兆候がある子どもは除外されただろう（〝問題〟のある養子は「返品」することができる）。論文でも、養子になった黒人の子どもたちの知能の標準偏差が一般とは異なり、サンプルになんらかの偏りがあることを認めている。

遺伝の影響を知るために実子と養子を比較する手法は1920年代から行なわれていて、アルコール依存症の親から生まれた子どもは、酒を飲まない家庭の養子になっても依存症になりやすいなど、性癖から精神疾患、犯罪に至るまでさまざまな領域で遺伝の強い影響が確認されている。双生児を対象にした行動遺伝学の研究は統計学的に頑健で、知能が高い遺伝率をもつことはもはや疑えない。

しかしそれでも、貧しい黒人女性から生まれ、幼いときに裕福な白人家庭の養子になった子どもが、平均的な黒人の子どもに比べてＩＱを大きく向上させたことが明るいニュースであることはまちがいない。

だが現代の行動遺伝学は、この研究に一定の留保をつける。いまでは、遺伝の影響は年齢によって変わることがわかっているのだ。

年齢とともに遺伝率は上がる

一般知能は行動遺伝学でもっともさかんに研究されてきた領域で、１９７０年代後半からアメリカやオーストラリアで大規模な調査が行なわれ、「発達行動遺伝学」としてその成果がまとめられた。そのなかで研究者は、一般常識とはあいいれない奇妙なデータを発見した。一卵性双生児の類似性は出生の時点から青年期まで増加傾向を示すのに対し、二卵性双生児の類似性は、出生時は一卵性と同じだが、発達とともに類似性が減っていき青年期には一卵性のほぼ半分になるのだ。

これをかんたんにいうと、「知能に及ぼす遺伝の影響は発達とともに増加する」ということだ。日本における行動遺伝学の第一人者である安藤寿康氏はこれを、「行動遺伝学の発見の中でも最も重要なものの一つ」という。[26]

大半のひとは、赤ちゃんのときに遺伝の影響がもっとも大きく、成長するにつれて家庭や学校などで多様な刺激を受けるのだから、環境要因が強まって遺伝の影響は小さくなっていくと思うだろう。だが発達行動遺伝学の研究は、これを真っ向から否定する。もしひとびとの素朴な常識が正しいなら、成長につれて一卵性双生児の類似性は下がっていくはずだが、実際には逆に高まっていくのだ。

認知能力に及ぼす遺伝の影響は、幼児期・児童期は40％強で、残りの50％強は共有環境（子育て）と非共有環境（友だち関係）で説明できる。だがその後、青年期に向けて遺伝率は着実に上昇していき、成人期初期には約70％に達する。当然そのぶんだけ、環境要因は後景に退いていく（図表4）。

これはにわかには受け入れがたいかもしれないが、よく考えてみると、私たちがなんとなく感じている「常識」にも合っていることに気づくだろう。

教育関係者なら、親のいうことをきいて一所懸命勉強する子どもは最初は成績がいいが、中学受験や高校受験の頃になると、それまで遊んでばかりいた子どもにあっという間に追い抜かれる場面を何度も見ているはずだ。こうした子どもは「地頭がいい」といわれるが、生得的な能力が思春期に向けて徐々に開花していくと考えるならこの現象を

図表4　児童期から成人期初期にかけての
認知能力に及ぼす遺伝の影響の増大

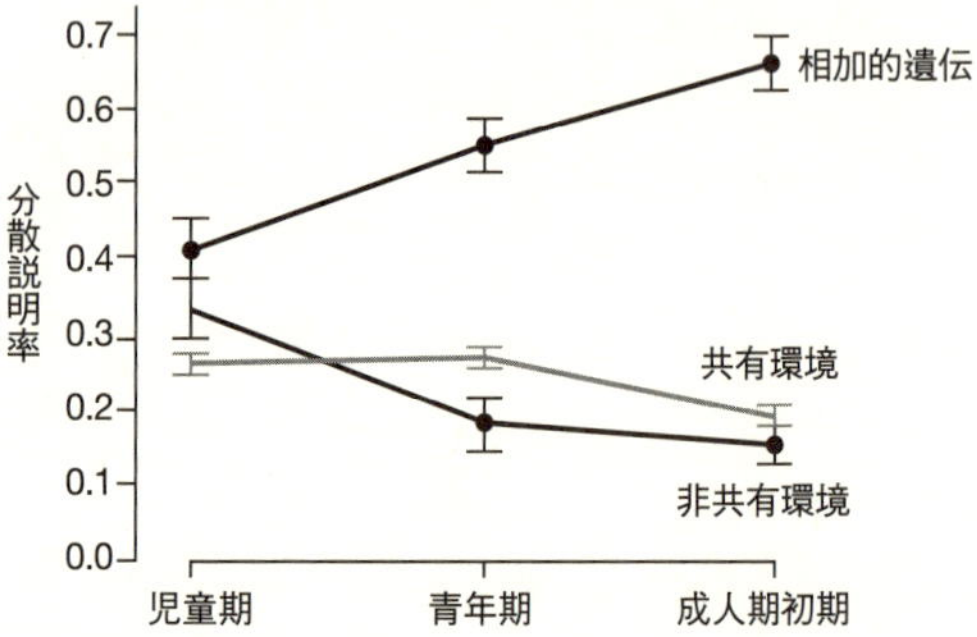

出典）Haworth et al.（2010）

安藤寿康『遺伝と環境の心理学』より作成

説明できる。

それと同時に、世の親たちがなぜ「幼児教育」に夢中になるかもわかる。共有環境の影響力が幼児期・児童期に最大で、そこから減少していく一方なら、子育てが報われるのは子どもが小さいときだけだ。——私立幼稚園・小学校の「お受験」の結果は家庭環境で決まるかもしれないが、思春期になって遺伝率が上昇してからでは親の努力はなんの役にも立たないのだ。

裕福な白人家庭の養子になった黒人の子どものＩＱが大きく向上することを示したスカーとワインバーグは、自らの仮説を検証するために、10年後の１９８５年に同じ子どもたちを再調査している。[27]

それによると、生後1年以内に養子になった「黒人」の子どものIQは、思春期になっても99・2で、黒人の平均と比べてはるかに高かった。しかしそれと同時に、10年前のIQ（110・8）から11・6ポイントも下がっていることがわかった。その理由は知能テストの形式が変わったからとされるが、養子を迎えた白人夫婦の実子のIQは109・4で、10年前の116・4から7ポイント下がっただけだった。さらには、「黒人」とされた子どもたちのなかには黒人の母親と白人の父親の子どもが含まれており、10年後の彼らのIQが98・5なのに対して、黒人同士の両親の子どものIQは89・4と明らかに低いことも示されている。

知能の発達に環境が影響することはまちがいないのだから、貧しい黒人の赤ちゃんが、裕福な白人家庭で0歳から手厚く養育されれば、IQが大きく向上したとしても不思議はない。これはたしかに素晴らしいことだが、しかしその効果は、思春期に向かうにつれてじょじょに消失し生得的な水準に回帰していくようだ。

教育への投資効果は年率10％？

「知能に対する遺伝の影響は成長とともに高まり、幼児教育の効果は思春期になるとほぼ消失する」という発達行動遺伝学の知見は、ヘッドスタートのような教育支援に深刻な疑問を突きつける。しかしここで、アメリカの経済学者ジェームズ・ヘックマンの研究を思い浮かべるひともいるだろう。——安倍政権が「教育無償化」を打ち出してから、日本ではことあるごとにヘックマンの名が口にされる。

教育に「個人的リターン」があることは、経済学では人的資本理論で説明されてきた。経済学者ゲーリー・ベッカーは、人的資本は教育や技能、知識のほかに健康をも含み、近代経済国家の富の75％を占めると推計した。アメリカでは大学教育の投資効果が綿密に計測されていて、高卒で社会に出た場合と大卒資格者の生涯年収の差を教育費用と比較した場合、その投資効果は年率10％を超えるとされている（日本でも同様の調査が行なわれ、大学教育は年率6〜9％との結果が出ている）。——とはいえ、こうした投資効果が喧伝された結果、アメリカの若者は借金してでも高等教育を受けるようになり、借金漬けになってしまったのだが。

個人のレベルでは教育への投資にプラスの効果があることは、学歴と収入に強い相関があることからも明らかだが、このことは教育への税の投入を正当化しない。いい大学を卒業すればいい仕事について高い給与をもらえるのなら、奨学金で学業をつづけ、将来、高所得者になったときに返済すればいいだけのことだからだ。すなわち、人的資本理論（教育は子どものため）から導かれる合理的な政策は（返済の必要な）奨学金制度の充実であって、教育の無償化ではない。

「国民の税金を使う以上、社会的リターンがプラスであることを証明しなければならない」という原則は、ＥＢＰＭ（エビデンス・ベースド・ポリシー・メイキング／証拠のある政策形成）としてアメリカで始まり、西欧諸国では常識になりつつある。「困っているひとがいるから」というだけでは、もはや税の投入を有権者に納得させることはできないのだ。

経済学を専門にするヘックマンはこのことを熟知していたが、リベラルな知識人としてアメリカの教育格差を憂えてもいた。だからこそ、「教育への投資は社会の役に立つ」という決定的な証拠が必要だった。

１９６０年代のアメリカで、3歳から4歳の子どもたちに就学前教育を行ない、その結果を40年にわたって追跡するという大規模な実験が行なわれた。ヘックマンはこの実験を詳細に検討し、教育支援を受けたグループは、高校卒業率や持ち家率、平均所得が高く、婚外子をもつ比率や生活保護受給率、逮捕者率が低いことを明らかにした。社会全体の投資収益率は年15~17%で、１００万円の投資に対して15万円から17万円が返ってくるのだから、教育に投資することは公共投資と比べてもはるかにリターンが高いのだ。

教育無償化は社会的弱者の子どもたちへ

幼児教育への支援で社会が恩恵を受けるというのは素晴らしい話で、日本でも教育無償化の根拠としてしばしば引用されるが、ヘックマンの論文を読んでみるとすこしニュアンスが異なる[28]。

ヘックマンは、どうしたら子どもたちに公平なチャンスを与えられるかを考え、子どもが小学校に入学する6歳の時点で、認知的到達度（学業成績）の格差はすでに明白だということに気づいた。こうして就学前教育に注目するのだが、これは逆にいえば、「小学校にあがってからでは遅い」ということだ。

認知能力の発達について膨大な文献を渉猟したヘックマンは、誕生から5歳までの教育投資の重要性を説き、「認知的スキルは11歳ごろまでに基盤が固まる」と述べる。すなわち、中等教育や高等教育に税を投入しても投資に対してプラスの社会的リターンを期待できないため、経済学的には正当化できないのだ。

もうひとつ、ヘックマンを引用するひとたちが（たぶん）意図的に無視しているのは、ベースとなった就学前教育の実験対象が黒人の貧困家庭の子どもたちだったことだ。

１９６０年代のアメリカは人種差別がきびしく、階級格差というよりも国内に新興国（発展途上国）を抱えているようなものだった。途上国の子どもたちに教育投資を行なえば、教育機会にめぐまれなかった賢い子どもたちを発見することで高い収益率を実現できることは中国や東南アジアの経験でも明らかで、この結果にはなんの不思議もないともいえる。

ヘックマンが依拠した就学前児童の大規模実験では、白人中流層を含むすべての子どもたちに幼児教育が無償で提供されたわけではなく、中流家庭は自分のお金で子どもを教育していた。これを日本にあてはめれば、経済的な援助が正当化されるのは母子家庭など貧困層の子どもたちだろう。教育無償化で富裕層の家庭にも税金をばら撒くのはやめて、その予算を社会的弱者に振り向けるべきなのだ。

ところが日本では、ヘックマンの研究を水戸黄門の印籠のようにして「幼児教育全面無償化」が唱えられている。これは善意に解釈すれば「誤解」であり、悪意に解釈すれば意図的な欺瞞だ。教育の専門家が、こんな単純な事実を知らないはずはないのだから。

なおヘックマンは、仕事に必要な能力を認知スキル（知能）と性格スキル（やる気）を分け、青年期の教育支援の影響は認知スキルに対しては小さいが、性格スキルを高めることには貢献しているとも論じている。真面目さや精神的安定性などの性格スキルが社会的・経済的成功に結びつくことは6章で扱う。

お金を渡せば教育効果は高まるのか？

「教育を無償化すればみんなが幸福になれる」という通説の背後には、「教育は無条件によきもの」という信念がある。私はこれを疑わしいと思っているが、それはとりあえず本題ではない。

自由経済で格差が生じるのは当然と考えるひとも、「貧しさのために教育機会を得られないのは正義に反する」との意見には同意するだろう。一流大学に入学する学生のほとんどが裕福な家庭出身なのは、欧米でも日本でも変わらない。だとすれば、貧しい家庭の所得を増やすことで、教育を介して子どもはゆたかさを手にし、社会も好影響を受けるはずだ。

だが、この主張はどこまで正しいのだろうか。

複雑な人種問題を抱えるアメリカでは、黒人貧困層に福祉の重点が置かれたため、白人保守派から「逆差別」との批判を受けることになった。そこで経済学者のスーザン・メイヤーは、さまざまなデータから所得支援の効果を検証した。[29]

母子家庭の世帯所得を増やすには、行政からの生活保護、父親（別れた夫）からの養育費、母親が働いて得た所得などが考えられる。所得の増加が教育効果に直結するのなら、生活保護と養育費は同等で、労働所得はもっとも効果が低いはずだ。母親が働けば、子どもの世話をする時間がそれだけ減るのだから。

だが実際には、成績や学習態度（中退率）でみてもっとも教育効果が高いのは養育費で、次いで労働所得、生活保護の順になった。同じ不労所得なのに生活保護の効果がきわだって低いのは、母親の（ひいては子どもの）自尊心を低下させるからのようだ。

日本では「子どもがいじめられる」との理由で多くの母子家庭が生活保護の受給を躊躇しているが、「税金」を受け取ることへの蔑視はアメリカも同じらしい。それに対して別れた父親からの養育費は、正当な権利として周囲にも堂々といえるので、子どもへの教育効果も高いのだ。

ちなみに日本では、離婚後に子どもの養育費を払う父親は2割程度しかおらず、その結果、母子家庭の相対的貧困率（一人あたりの平均所得の半分に満たない割合）が54・6％と先進国のなかで群を抜いて高い。こうした惨状に対して「母子家庭がもっと気軽に生活保護を受けられるようにすべきだ」との声が多いが、アメリカの研究をみるかぎり、これがどれほど子どものためになるかは疑問が残る。それよりも単独親権の制度を共同親権に変え、離婚後の父親にも親としての権利を認める一方で、養育費の強制徴収など支払い義務を徹底させた方が効果は高そうだ（日本では離婚後の親権を母親がもつことがほとんどだが、夫婦関係の有無にかかわらず親であることは変わらないのだから、先進国では共同親権が主流になっている）。

経済学者のメイヤーは、子どもが10代のときに年収が増えた家庭と、ずっと貧しくて、子どもが成人してから年収が同じだけ増えた家庭の比較も行なっている。一般に思われているように裕福な家庭の子どもがよりよい教育を受けられるのなら、子どもが大きくなってから裕福になってもなんの関係もないはずだが、実際には両者に大きな差はなかった。これは、教育効果をもたらすのは所得そのものではなく、所得を増やすなんらかの要因（母親の能力や勤勉さなど）がかかわっていることを示唆している。

それ以外でも、増えた所得を親がなにに使うのか（子どもの教育投資より食費や家の修繕、車の買い替えなどに充てられた）や、子育て支援の充実した州は、そうでない州よりも教育効果が高いのか（あまり変わらなかった）なども調べられている。

誤解のないようにいっておくと、これは貧しい家庭への金銭支援が無意味だということではない。メイヤーの研究が示すのは、漫然とお金を配るだけでは思ったような政策効果は得られそうにないということだ。

だったらどうすればいいのか。じつは日本には、それを議論するための基礎的なデータすらない。こんな状態で、教育無償化の議論は行なわれている。

先進国の知能は低下しはじめている

1987年、ニュージーランドの政治学者ジェームズ・フリンは、知能に関するさまざまなデータを総覧し、14カ国でIQが1世代で5～25ポイントも上昇していることを明らかにした[30]。これが「フリン効果」で、知能が遺伝的なものであれば短期間でこのような大きな変化が起きることは考えられないから、「遺伝決定論」を否定する決定的な証拠としてもてはやされた。

だがこれも、一般知能（g因子）が生物学的実在ではなく、統計的実在だと考えればさほど不思議なことではない。

図形を回転させる問題を解くには、三次元の物体を二次元上に表現する約束事を知らなければならない。紙に描かれた直方体を本物の直方体にイメージ上で変換することは、なんらかの訓練を受けていなければ不可能だろう。これがアフリカなどの新興国で知能テストの点数が低い理由のひとつで、学校教育が普及し、スマホなどのゲーム機器が手に入りやすくなることでＩＱは上昇していくはずだ。「一般知能の遺伝率は77％」ということは23％は環境の影響なのだから、社会的要因によってＩＱが上昇するのはある意味当然だ。

フリン自身、フリン効果がジェンセンらの「遺伝決定論者」の過ちを証明したとされることに困惑してこう述べている。

残念ながら世間では、時代によるＩＱの著しい上昇は環境のせいなのだから、黒人と白人のＩＱ差も環境によって証明できると考えがちだ。（中略）ジェンセンは、ことあるごとにフリン効果の話を振られることに不満げだった。私もそれには同情して「私自身は……IQ上昇の現象を根拠に、黒人のIQは白人に肩を並べると証明できるとは考えていない。たとえ環境が同じであっても……」と述べた。[31]

フリンはIQの上昇を、現代人が「新しい思考習慣」に適応しつつあるからだとしているが、それによって人種間の知能のちがいがなくなるとは考えていないのだ。

なお、フリン効果の有力な説明として、「乳幼児を含む子どもの栄養と健康状態が向上した」からがある。実際、乳幼児の健康状態がよくなるにしたがって知能の平均水準も高くなるが、栄養をとりすぎると肥満児になってしまうから、そこには一定の限界があるはずだ。そしてこの予想どおり、オーストラリア、デンマーク、ノルウェー、イギリスなどの調査で、21世紀に入ってから知能の平均水準が低下しはじめていることが確認されている。[32]フリン効果は先進国では終わりつつあるのかもしれない。

極端な男の知能、平均的な女の知能

ここで、人種と並んでしばしば問題となる男と女の知能のちがいについてかんたんに触れておこう。

図表5　男性と女性のIQ値の分布

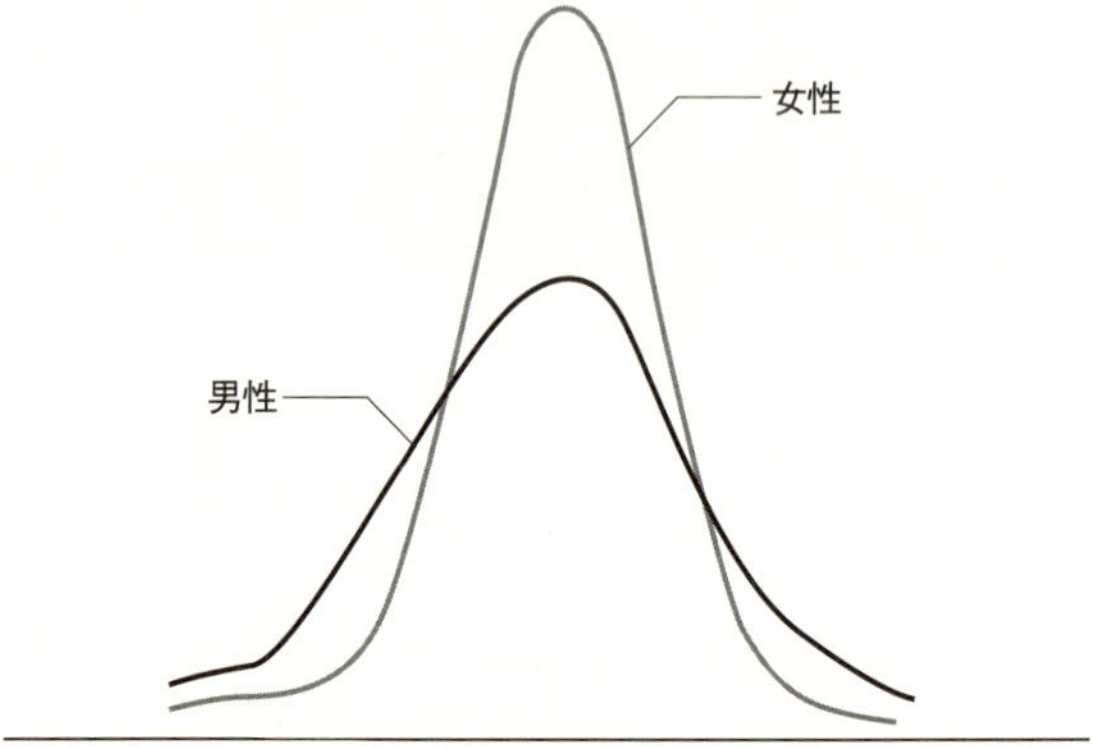

アイゼンク、ケイミン『知能は測れるのか――IQ討論』より作成

高名な経済学者でクリントン政権の財務長官を務めたローレンス・サマーズは、ハーバード大学学長時代に、科学と工学分野の研究者に男性が多い理由として、「女性は統計的にみて数学と科学の最高レベルの研究に適していない」と述べ、これが女性差別との非難を浴びて学長を辞任することになった。

だがここでサマーズは、「女性は生得的に知能が低い」といったわけではない。男と女で知能が優位な分野に偏りがあること（男は空間把握能力や論理・数学的能力に優れ、女は言語能力や共感力に秀でている）と、男の方が知能の標準偏差（分布のばらつき）が大きいことを指摘しただけだ。

これらはいずれも認知科学の多くの研究で繰り返し確認されており、差別的な主張というわけではない。

旧石器時代の狩猟採集生活では、男は集落から離れて狩猟を行ない、女は集落の周辺で乳幼児の世話をしながら採集をしていたと考えられている。現代の進化論は、この「性役割分業」から男女の知能のちがいが生じたと説明する。

サバンナで獲物を狩るとき、高い空間把握能力をもっていなければ集落まで戻ることができない。集落周辺で母親たちがいっしょに果実やナッツ、穀類などを採るときはずっとおしゃべり（噂話）をしていただろうが、そこで高い言語能力や共感能力をもっていないと仲間外れにされてしまう。[33] これが進化心理学の標準的な説明で、正しいかどうかは別として、「差別」ではなく「科学」の枠内にある。

「男女で知能に差はないが、ばらつきが異なる」というのは1970年代から指摘されていた。図表5では、平均的な知能をもつのは女性のほうが多く、極端に知能が高かったり低かったりするのは男性が多い。これが、「男女のIQの平均は同じでも標準偏差は男が大きい」ということだ。

男女では学習・生活態度も異なるのでIQだけで語ることはできないが、それでもこうした〝生得的〟な男女差は現代社会で広く見られる現象をよく説明する。

いまでは大学の人文・社会科学系の学部は、文学や心理学だけでなく、社会学や法学、経済学などでも女子学生が多数派になりつつある。語学系の学部が「共学なのに〝女子大〟になった」といわれるようになって久しい。新聞・出版など言葉を扱う業界では、「試験の点数だけで採否を決めれば新卒はほぼ全員女性になる」というのは公然の秘密だ。

「文系」への女性の進出は、男に比べて言語的知能が高いことと、IQで平均付近の人数が多いことで説明できる。有名大学の医学部が男子学生を増やすため入学試験で得点調整していたことが社会問題になったが、男女の教育が平等になればこうした事態が起きるのは当然なのだ。

それに対して標準偏差が大きいなら、極端なことが起こりやすいのだから、アインシュタインのような超天才が男である可能性はきわめて高い。男は（平均的には）科学・工学分野で優位性があるから、そうした分野でノーベル賞を受賞するのが男ばかりであることを「男性中心主義」と決めつけることはできない。

ところでこれはあまり指摘されないが、標準偏差が大きいということは、「極端に知能の低い」人数も男の方がずっと多いということだ。高校をドロップアウトする生徒の多くは男子で、「勉強についていけない」が大きな理由になっている。——学習障害や自閉症も明らかに男に多く、連続殺人や猟奇殺人など極端な犯罪を起こすのもほとんどが男だ。

じつはこのことは、日本以上に欧米で深刻な問題になっている。高度化した知識社会では、高校中退ではその後の職業人生がきわめてきびしいものになる。平均寿命を80歳として、15歳で学校をドロップアウトしたならば、その後の人生は65年間もある。そんな若者たちのなかに、宗教原理主義に傾倒し、ジハード（テロ）によって天国に行ったほうがマシだと考える者が出てくることに不思議はない。

知能とは知能テストが測ったもの

「知能」とはなんだろう？　アメリカの高名な心理学者エドウィン・ボーリングは「知能とは知能テストが測ったものである」と定義した。だがこれはジョークでもなければ、同義反復（トートロジー）でもない。

欧米や日本で使用頻度の高いウェクスラ・ベルビュー知能検査（WAIS－Ⅲ）は、

一般常識や小学校程度の算数問題で構成される「言語性検査」と、絵画や記号、パズルなどを使った「動作性検査」を組み合わせ一般知能gを計測する。これは、「勉強のできる子どもはてきぱきしている（動作が早い）」と考えられているからだ（そして実際に、知能と反応時間には正の相関がある）。

だがこれは、逆に考えれば、教師などが「賢い子ども」と見なす特徴を知能テストが効率的に検出しているということでもある。知能テストの結果が教師の実感と合っていないのなら、そんなテストは誰も使おうとは思わないだろう。一般知能が学業成績と相関するのは、学校教育が要求する「頭のよさ」を測っているからだ。

IQが高い子どもは成績がよいだけではなく、社会的・経済的にも成功しやすいこともさまざまな研究で繰り返し確認されている。85年間のさまざまな研究にもとづいて、515の職業、被験者総数3万2000名という大規模なサンプルで勤務成績についての予測妥当性を調べたところ、知能テストの妥当性（相関係数／1・0が最大）は専門的・管理的仕事では0・58、高度な技術を要求される仕事では0・56と大きく、実際の仕事による判断や仲間の評価とほぼ同じだった（まったく技術を要求されない仕事では0・23の予測力しかなかった）[34]。しかしこれも、知能テストが社会的・経済的に成功できる能力を計測しているのだと考えればなんの不思議もない。ＩＱが高いのに専門的な仕事で役に立たないとすれば、テストの信頼性は大きく損なわれるだろう。

産業革命以降、私たちは「知識社会」という人類がこれまで体験したことのないまったく新しい世界を生きることになった。そこでは「知能」という、狩猟採集時代はもちろん中世ですらたいして重視されてこなかった能力によって人生の成功と失敗が大きく左右される。なぜなら知識社会とは、その定義上、知能の高い者がもっとも有利になる社会だからだ。

知能テストは、このような知識社会への適応度を計測している。心理学者アリソン・ゴプニックは、このことを次のように的確に説明している。

誰も字が読めなければ、識字障害は問題にはならないはずだ。ほとんどの人々が狩りをしなければならないとしたら、注意を集中させる能力の遺伝子が少しばかり変化していたとしてもほとんど問題にはならないし、もしかしたらその遺伝子多型が有利に働くかもしれない（たとえば、ハンターはその多型のおかげで複数の獲物に対する集中力を同時に維持できるかもしれない）。しかし、ほとんどの人々が高校を卒業しなければならない場合には、同じ多型が人生を変える疾患になる可能性がある。[35]

「差別」の根源は、一般知能（言語運用能力と数学・論理能力）を極端に重視する現代社会そのものなのだ。これは、知能の格差を論じることを「差別」と言い立てるひとたちこそが、知能に深くとらわれていることを示してもいる。

3 人種と大陸系統

私たちにはみな2人の生物学的な親がいる。両親にもそれぞれ2人の親がいるから祖父母は4人で、祖父母にも2人の親がいて曾祖父母は8人だ。

当たり前のことだと思うかもしれないが、このネズミ算をつづけていくと奇妙なことに気づくはずだ。

一世代ごとに祖先の数が倍になるなら、いまから1300年ほど前、日本では奈良時代あたりで地球上に1兆人が住んでいた計算になる。

なぜこんな矛盾が起きるのだろうか。それは、家系図が非近交の（血縁関係のある人間とはぜったいに結婚しない）ルールでできていると仮定するからだ。だが実際には、数世代さかのぼると家系図に同じ人物が現われるようになり、「折りたたまれ」ていく。これをわかりやすくいうと、「近親相姦」によって、家系図は私たちがイメージするような樹木状ではなく網の目状になっているのだ。

すべてのヨーロッパ人の祖先

ジョセフ・チャンはイェール大学出身の統計学者で、「ヨーロッパ人はどの時代までさかのぼれば共通祖先をもっているのか」を数学的に解明しようとした。いとこ婚などの近親婚を取り入れたモデルで現在の人口数から家系図をさかのぼり、すべての線がどの時代で交差するかを計算すると、驚いたことに、こたえはたったの600年前だった。13世紀末のどこかの時点で、すべてのヨーロッパ人が祖先としてたどり着ける1人の男または女がいたのだ。

だがこれは、「人類の母」とされるミトコンドリア・イヴのように、その1人がヨーロッパ人すべての祖先となったということではない。家系図を隙間もないほど錯綜した網の目と考え、現在のヨーロッパ人の遺伝的系列をたどると、600年ほど前にすべての系が交差する結節点が見つかるということにすぎない。もちろん、この人物が王侯貴族など特別な地位にあったかどうかもわからない。

チャンの家系モデルはもうひとつ興味深い結果を導き出した。それは、「ヨーロッパで1000年前に生きていた人間の5分の1（20％）は、現在誰一人生きていない人々の祖先である」ということだ。彼らの子孫が子どもを残さなかったため、どこかの時点で家系が途絶えてしまったのだ。

その結果、残りの80%が現在生きているすべてのヨーロッパ人の祖先になる。「先祖に至る系譜の線のすべては、10世紀のあらゆる個人に合体する」のだ。

なぜこのような奇妙なことになるかを理解するには、やはり家系図が樹木ではなく網の目だと考える必要がある。10世紀もたつと、その網の目から20%の部分が脱落してしまう。その一方で、系譜が途切れずに現在まで子孫を残したひとの遺伝子は、緊密な網の目によって拡散することですべてのひとの祖先になるのだ。10世紀前の偉人（シャルルマーニュ大帝）も名もなき農民も、家系が途絶えた20%を除く中世前期のすべてのひとが現在のヨーロッパ人に自らのDNAを伝えているのだ。

しかし、これはたんなる机上の計算ではないだろうか。だが現在では、安価かつ容易なDNAシーケンサー（塩基配列解析装置）によってこの数学を検証できる可能性が出てきた。

2013年、遺伝学者のピーター・ラルフとグレアム・クープはヨーロッパじゅうから選んだ2257名（最近の移民である可能性を減らすため、被験者はすべて同じ地域あるいは国出身の4人の祖父母をもつ者から選ばれた）における同祖DNAの長さを調べた。これによって任意の2人がどれほど近縁かを推計することができるが、その結論はチャンの数学的祖先探しとまったく同じだった。[36]

私もあなたも「天皇家の遠縁」

ジョセフ・チャンの計算は、その後、さらに奇妙な主張につながった。「現在地球上で生きているすべての人のもっとも新しい共通祖先がいたのはわずか3400年前あたりにすぎない」というのだ。ここで使われたのは町や港、ひとの移動を組み込んだモデルで、それによると全人類の祖先の系譜が交差するのは紀元前1400年あたりのアジアのどこかになる。

ここで、「人類はアフリカで誕生したのではないか」とか、「南北アメリカや南太平洋の島々など、ユーラシアから隔離されたところに住むひとたちもいるではないか」と疑問に思うかもしれない。だがこれは、ひとびとの移動（これは移民だけではなく侵略や戦争、植民地化も含まれる）の効果を過小評価している。

新大陸が「発見」されたあと、スペイン人の遺伝子は原住民（インディオ／インディアン）のあいだに急速に広まった。サトウキビなどのプランテーションの労働力としてアフリカから黒人が「輸入」されると、彼らの遺伝子も現地のひとたちと混ざり合った。

太平洋中部のごく小さなピンゲラップ島やモキル環礁の住民にしても、発見された19世紀の数年間に彼らの遺伝子プールにヨーロッパ人の遺伝子が取り込まれたことがわかっている。

「全人類の共通祖先」がアフリカではなくアジアになるのは、紀元前1400年の人口分布では地理的中心がユーラシア大陸の東へと大きく移動していたからだ。それよりさらに時代をさかのぼれば「全人類の共通祖先」の人数は増えていき、その中心もアフリカに近づいていくことになる。

この奇妙な結果を、チャンは次のように説明している。

私たちの発見は、注目すべき考えを提案している。すなわち、言語や肌の色などに関係なく、私たちは、揚子江の岸辺にイネを植え、初めてウクライナのステップ地帯でウマを家畜化し、南北アメリカの森でオオナマケモノを狩り、そしてクフ王の大ピラミッドを建造するために働いていた祖先を共有しているのだ。

この魅力的な考え方を紹介しつつ、進化遺伝学者のアダム・ラザフォードはこう補足する。

あなたがヨーロッパ人なら、王族の血統である。誰もがそうなのだから。また、ヴァイキングの血統でもある。誰もがそうなのだから。さらには、サラセン人、ローマ人、ゴート族、フン族、ユダヤ人の血統である。なぜなら、もうおわかりだろう。すべてのヨーロッパ人は、厳密に同じ人間から由来したのであり、それもそう遠い昔のことではない。10世紀に生きていて、子孫を残した人間は誰でも、今日生きているすべてのヨーロッパ人の祖先であり、そこにはシャルルマーニュも、彼の息子のドロゴ、ピピンも含まれる。（中略）

もしあなたが、広い意味の東アジア人なら、同じ流儀で、あなたの家系図のどこかの頂点にチンギスカンが座っていることはほとんど確実で、実際にそう主張する人も多い。

この理論を日本の歴史に当てはめれば、(つい最近移民してきた少数を除き)すべての日本人が継体天皇(507〜531年。古墳や文献などによって実在が確認できる最古の天皇)の子孫であり、飛鳥時代の天智・天武や奈良時代の聖武天皇の遺伝子も、その系譜がなんらかのかたちで続いているとすれば、共有していることになる。

戦前の天皇制国家・日本は国民を「天皇の赤子」とした。これは政治イデオロギーとしてはまちがっていたが、遺伝学(DNA)的には正しかったのだ。

いまでも「私は天皇家の遠縁にあたる」などと自慢するひとがいるが、そういうときは「奇遇ですね。私もそうです」と教えてあげよう。

犬種を論じるのはイヌ差別?

身長や体重が一人ひとり生得的に異なるのと同様に、知能や性格などの〝こころ〟も遺伝の強い影響を受けていることを、行動遺伝学は膨大な証拠(エビデンス)とともに示した。これによってリベラルな知識人も、「遺伝決定論」「ナチスの優生学」というステレオタイプな批判を浴びせるだけでは対抗できなくなった。そこで彼らは戦線を一歩後退させて、身体的な特徴と同様に脳の生理学的な特徴が遺伝することを認めつつ、それを「人種」にまで拡大することはできないと主張するようになった。

人種主義に反対する「リベラル」の定説が「異なる人種のあいだの遺伝的なちがいよりも、同じ人種のなかでの遺伝的なばらつきの方がはるかに大きい」で、スティーヴン・ジェイ・グールドの盟友だった遺伝学者のリチャード・ルウォンティンが1970年代の社会生物学論争で唱えた。ヒトの遺伝的変異の85%は集団の内部で見られ、集団間の差異は15%にすぎない。したがって、集団（人種）の遺伝的なちがいをことさらに強調するのは科学的に意味がない、というのだ。

これはたしかにもっともらしいが、この論理を拡張していくと、次のような奇妙な結論にたどりつく。

イヌの遺伝的変異の分布を調べると、遺伝的なちがいの70%は品種内で見られ、品種間の差異は30%にすぎない。したがって、ドーベルマンとチワワの犬種のちがいを語ることは非科学的だ……。

人類が進化の過程の大半を過ごしたのは旧石器時代で、脳は器質的にはその頃からほとんど変わってはいない。人種に分岐したのは、〝ヒューマン・ユニヴァーサルズ（ヒトの本性）〟が出来上がったずっとあとのことだ、との主張もある。

この論理は完璧に正しいが、同様に、すべてのイヌに共通する〝ドッグ・ユニヴァーサルズ（イヌの本性）〟が出来上がったずっとあとに、ブリーダーがさまざまな犬種を生み出していった。そして愛犬家なら誰でも知っているように、イヌの気質は犬種によって大きく異なる。だとすれば、「ヒトには共通の本性があるが、人種によって気質は異なる」と考えることもできるはずだ。

人種間より人種内の遺伝的多様性がはるかに大きいとすれば、「白人らしい」とか「黒人特有」などのステレオタイプを個人にあてはめることはできない。白人でも100メートルを9秒台で走る陸上選手がいるし、黒人にもウォール街の金融マンや大学教授はたくさんいる。

これは、「ある人物のDNAを調べればどのカテゴリーに属するかはほぼ確実にわかるが、これを逆にして、カテゴリーから個人の性質や行動を予測することはできない」ということだ。

この主張も100％正しいが、だからといって「人種というカテゴリーに意味はない」とはいえない。

ハチというイヌを例に、同じ説明をしてみよう。

飼い主が死んだにもかかわらず毎日駅前で待ちつづけているイヌのDNAを調べると、この忠犬が秋田犬であることがわかった。だがこれを逆にして、たまたま見かけたのが秋田犬だからといって、そのイヌが、飼い主が死んでも毎日駅に出かけるとはいえない。なぜならイヌの遺伝的多様性は、犬種間より犬種内の方がはるかに大きいのだから。

この説明も科学的にまちがってはいないが、ここから「秋田犬とブルドッグの性格のちがいを語ることに意味がない」とか、「犬種を論じるのはイヌ差別だ」といわれたら困惑するだけだろう。人種のちがいを否定するために遺伝的多様性をもちだすのはこれとまったく同じ論法で、科学ではなく政治的イデオロギーなのだ。

人種は社会的構築物

リベラルからのより強力な批判は、「人種は社会的構築物で科学的な根拠がない」というものだ。このことは、人種の呼称がいかに混乱しているかを見ればよくわかる。

1960年代の公民権運動以降、アメリカでは国民を肌の色で差別することはタブーとなった。黒人の俗称だった「ニガー（Nigger）」を（黒人以外が）公に口にすれば社会的生命は終わるし、学術用語の「ネグロイド（Negroid）」の短縮形である「ニグロ

（Nigro）」も専門書以外では目にすることはなくなった。
「黒人（Black）」の呼称も差別的だとして「アフリカ系アメリカ人（African American）」になり、それにともなって「白人（White）」には「コケイジャン（Caucasian）」という奇妙な名前があてがわれた。アメリカの白人の大半は欧州からの移民なのだから「ヨーロッパ系アメリカ人（European American）」でよさそうなものだが、ヨーロッパ中心主義＝植民地主義を連想させるとして避けられたのだろう。

コケイジャンは「コーカサス人」のことで、白人と（北）インド人やイラン人の共通の祖先である「アーリア」の故郷コーカサス（カフカス）からつくられた造語だ。インド＝ヨーロッパ語族が同族であることは学問的には定説になっているが、コーカサスがアーリア人発祥の地という確たる証拠があるわけではなく、ナチスは自らを純粋なアーリアとしてホロコーストを行なった。

ところがその後、黒人活動家たちが「Black Power」「Black is beautiful」を掲げるようになる。アメリカの黒人の多くは、もはやアフリカにほとんど心情的なつながりをもっていない。それにもかかわらず「アフリカ系」と呼ばれるのは新たな差別で、「Black」であることに誇りをもとうというのだ。

こうして肌の色にもとづく「黒人」の呼称が復活すると、コケイジャンも使われなくなって「白人」に戻った。だが「黄色人種（Yellow）」は差別とされ「アジア系」が使われている。ここですでに、生物学的分類（白人、黒人）と地域的分類（アジア系）が混在している。

中南米からの移民は「ヒスパニック」と呼ばれるが、これはさらに複雑だ。コロンブスによる新大陸「発見」以来、アメリカ大陸の原住民は「エル・ドラード（黄金郷）」にとりつかれたヨーロッパの無法者たちに酷使され、虐殺され、旧世界から持ち込まれた病原菌によって大量死した。

原住民の数が減って労働力が足りなくなると、スペイン人やポルトガル人がサトウキビのプランテーションなどで使役するためにアフリカから奴隷を輸入するようになり、この儲け話にイギリス人やフランス人、オランダ人が飛びついた。ジェノサイド（大量虐殺）と大量の移民によって、キューバ、ジャマイカ、イスパニューラ島（現在のドミニカとハイチ）は、それぞれ100万人を超える原住民が暮らしていたにもかかわらず、人種構成がまるごと入れ替わってしまった。

こうして中南米からの移民は、原住民（インディオ）とヨーロッパ系白人、黒人奴隷の末裔、およびその混血が複雑にからみあうようになり、「人種」として定義できなくなった。出身地域で「南米系（South American）」とすると「アメリカ南部人（Southern American）と区別がつかなくなる。こうして「スペイン語話者」を意味するヒスパニック（「スペイン系」の意味にもなる）が使われるようになったのだろう。

この混乱に輪をかけたのは、コロンブスが新大陸をインドだと誤解し、原住民を「インディオ（英語ではインディアン）」と呼んだことだ。これは「インド人」のことだから、公民権運動の時代になると、より政治的に正しい「ネイティブ・アメリカン（Native American）」が使われるようになる。

だが「アフリカン・アメリカン」と同様に、この珍奇な呼称も当の原住民から拒絶された。彼らはコマンチ、アパッチ、ナバホなど由緒正しい部族の末裔であり、「ネイティブ」などという聞いたこともない人種の子孫ではないのだ。そして、もし自分たちの総称が必要だというのなら、歴史的に使われてきた「インディアン」の方がまだましだと主張した。かつて彼らの祖先は「インディアン」として、侵略者である白人と誇りをもって戦ったのだから。

しかしアメリカには、いまではインドからの移民もたくさん暮らしている。そこで

「インド系アメリカ人（Indian American）」と「アメリカン・インディアン（American Indian）」が使い分けられるようになった。肌の色とも出身地域とも言語とも無関係な歴史的な呼称が「人種」になったのだ。

ここでついでにいっておくと、日本では「原住民」は差別語で「先住民」に言い換えるべきだとの主張があるが、漢語として両者には明確なちがいがある。「原住民」は「かつて住んでいて、いまも暮らしているひとたち」で、「先住民」は「かつて住んでいたが、いまは絶滅してしまったひとたち」のことだ。日本の台湾統治時代に「高砂族」と呼ばれていたひとたちは「台湾原住民」で、「台湾先住民」とはぜったいにいわない。霧社事件を描いた台湾映画『セデック・バレ』でこのことを教えられたので、本書でも漢字本来の意味にのっとって「原住民」の表記を使っている。——というような面倒な事情からわかるように、人種概念が「社会的構築物」であることはまちがいない。だがだからといって、科学的（遺伝学的）になんの意味もないと言い切れるだろうか。

人類はかつて水生生活していた？

進化の歴史のなかでは、ホモ・サピエンス（現生人類）にはさまざまな祖先や同類がいた。ラミダス猿人やホモ・ハビリス、北京原人やネアンデルタール人などの化石人類を含めた「ホモ属」は、700万~500万年前にアフリカのどこかでチンパンジーとの共通祖先から分かれたとされている。

人類はその後、二足歩行、大きな脳、複雑な発話ができる喉頭、道具を使える内向きの親指、体毛の消失など、他の霊長類とは明らかに異なる身体的特徴を備えるように進化していった。これは森林の樹上生活からサバンナに生活圏が変わり、狩猟採集しながら長距離を歩くのに適していたからだとされる。暑くて蒸し暑いサバンナを長時間移動するには、体毛をなくし発汗によって温度調節する方が有利だというのだ。

これは一見もっともらしい説明だが、だったらなぜサバンナの動物はみな体毛があるのだろうか。進化の仕組み（自然選択）を考えれば、鳥（鳥類）とコウモリ（動物）、白亜紀の翼竜（爬《は》虫類）が翼をもつように、種がちがっても共通の環境は同じような適応を生み出すはずだ。

じつはこの問題は、ずっと動物学者を悩ませてきた。昼は太陽が照りつけ、夜はきびしい寒さにさらされる乾燥したサバンナでは、定説とは逆に、厚い毛皮が必須だからだ。毛皮は体温の喪失を防ぐだけでなく、太陽熱を半分遮《さえぎ》り、残りの熱を皮膚から離れた場所に閉じ込めて対流や放射によって放散させる。さらには、閉じ込めた熱が皮膚まで伝わらないようにする断熱材の役目も果たしている。だからこそサバンナよりきびしい環境の砂漠でも、ラクダのような大型動物は立派な毛皮を身にまとっている。それにもかかわらず人類の祖先はどこかで体毛を失い、大量の水を飲んで大量の汗をかかなければ体温調整できなくなってしまったのだ。

この謎に対するひとつのこたえが、「アクア説」だ。これはもともと1942年にドイツの人類学者マックス・ヴェシュテンヘーファーによって唱えられ、その後、海洋生物学者のアリスター・ハーディーが1960年に別の観点から主張した（ヴェシュテンヘーファーの説は無視され、忘れさられていた）。それを在野の女性人類学者、故エレイン・モーガンが再発見し、精力的な執筆活動で「啓蒙」に努めた。アクア説では、チンパンジーの祖先と枝分かれしたあと、人類の祖先は樹上生活から水生生活に移行したとする。

ここまで読んで、「バカバカしい」と一笑に付したひとは多いだろう。だが騙されたと思って、もうすこしつきあってほしい。

赤ちゃんはなぜ泳げるのか？

海洋生物学者のハーディーは、「陸生の大型哺乳類のなかで、皮膚の下に脂肪を蓄えているのは人類だけだ」との記述を読んで、アシカやクジラ、カバなど水生哺乳類はみな皮下脂肪をもっていることに気づいた。だとしたら人類も、過去に水生生活をしていたのではないか。

このアイデア（コロンブスの卵）を知ったモーガンは、アクア説ならさまざまな謎が一気に解けることに驚いた。

人類が二足歩行に移行したのは、四つ足で水のなかに入っていくよりも、直立したほうが水深の深いところで息ができるからだ（それに、水の浮力が上半身を支えてくれるから倒れない）。鼻が高く、鼻の穴が下向きなのも、水にもぐるときに都合がいいからだ。体毛がないのはそのほうが水中で動きやすいからで、皮下脂肪を蓄えれば冷たい水のなかでも生活できるし、水に浮きやすくなって動きもスムーズになる。

とはいえこれは、人類の祖先が人魚だったという荒唐無稽なものではない。チンパンジーと分岐したあと、彼らは森を出てアフリカのどこか（おそらくは北東部の大地溝帯

＝グレート・リフト・バレー）の水辺で暮らすようになった。大型捕食獣のうろつくサバンナは、非力な彼らにとって危険すぎたのだ。

この水辺の暮らしのなかで人類は知能を発達させ、脳の容量も大きくなっていった。大きな頭蓋骨をもつ子どもを産むことは困難で、そのため人類は他の哺乳類と比べて異常なほど早産になったのだが、それでも危険な出産を乗り切るにはなんらかの助けが必要だったはずだ。

だがアクア説なら、この疑問にもこたえることができる。「水中出産」すればいいのだ。

1600件の水中出産を行なったイタリアの病院では、温水で水中出産した妊婦は分娩が加速され、会陰切開の必要が減り、ほとんどが鎮痛剤なしですませた（通常の出産では妊婦の66％が硬膜外麻酔を求めるが、水中出産は5％だけだった）。

子宮内にいる胎児は息を止めており（代わりに羊水を吸い込んでいる）、顔に空気があたったときにはじめて息を吸う。このとき分娩時の残余物などがいっしょに肺のなかに入ってしまうと感染症を引き起こすが、水中出産なら赤ん坊は呼吸していないので、母親は落ち着いて残余物を顔から拭《ぬぐ》うことができる。

しかしより決定的なのは、出産直後の赤ちゃんが「泳げる」ことだ。すでに1930年代に、乳児は水中で反射的に息を止めるだけでなく、水をかくように腕をリズミカルに動かすことが知られていた（こうした動作は生後4カ月ごろまでつづき、その後はぎこちなくなる）。熱く乾燥したアフリカのサバンナで進化した動物の赤ちゃんが、なぜ生まれてすぐに泳げるのだろうか。

ヒトはごくふつうに呼吸をコントロールできるが、近縁種であるチンパンジーは意識的に息を止めたり吐いたりすることがうまくできず、これが「しゃべれない」大きな理由になっている。だが水生生物は、水中で呼吸をコントロールするよう進化してきた。[37]

アクア説の真偽は本書の主題ではないのでこのくらいにするが、たんなる〝トンデモ説〟ではないことがわかってもらえただろうか。

サピエンスの誕生は77万〜55万年前

近年、遺跡などから発掘された遺骨からＤＮＡを解析する技術が急速に進歩し、歴史時代はもちろん、サピエンスが他の人類と分岐する以前の古代人の骨の欠片からＤＮＡを読み取ることもできるようになった。この「古代ＤＮＡ革命」によって、従来の遺跡調査からはわからなかった人類の移動や交雑の様子が明らかになり、古代史・歴史の常識が次々と覆《くつがえ》されている。

デイヴィッド・ライクは、サピエンスとネアンデルタール人の交雑を証明したマックス・プランク進化人類学研究所のスヴァンテ・ペーボとともにこの「古代DNA革命」を牽引する気鋭の遺伝学者だ。ここではライクの説にもとづいて、人類の歴史をざっと見ておこう[38]。

日常的に「ヒト」と「人類」を区別することはないが、人類学では両者は異なる意味で使われる。「ヒト」は現生人類（ホモ・サピエンス）のことで、「人類」はヒト属のみならず化石人類（アウストラロピテクス属など）を含むより広義の分類だ（専門用語ではホモ属＝ホミニン hominin という）。

人類（ホモ属）の起源が、アフリカのどこかでパン属（チンパンジーとボノボ）との共通祖先から分かれた700万～500万年前であることに大きな異論はない（あまりに遠い過去で証明のしようがない）が、その後の人類の歴史については、多地域進化説とアフリカ起源説が対立した。

多地域進化説では、180万年ほど前にユーラシアに拡散したホモ・エレクトス（原人）が各地で進化し、アフリカ、ヨーロッパ、アジアの異なる地域で並行的にサピエンスに進化したとする。それに対してアフリカ起源説では、サピエンスの祖先はアフリカで誕生し、その後、ユーラシア大陸に広がっていった。

１９８０年代後半、遺伝学者が多様な民族のミトコンドリアＤＮＡを解析して母系を辿り、すべてのサンプルがアフリカにいた１人の女性から分岐していることを明らかにした。これがミトコンドリア・イブで、約16万年（±４万年）に生存したとされる。この発見によってアフリカ起源説に軍配が上がったのだが、これはサピエンスが20万～10万年前のアフリカで誕生したということではない。

ライクによれば、この誤解はミトコンドリアのＤＮＡしか解析できなかった技術的な制約によるもので、全ゲノム解析によると、ネアンデルタール人の系統とサピエンスの系統が分岐したのは約77万～55万年前へと大きくさかのぼる。サピエンスの起源は、従来の説より50万年も古くなったのだ。

覆される通説

そうなると、（最長）77万年前からミトコンドリア・イブがいた16万年前までの約60

万年が空白になる。これまでの通説では、その間もサピエンスはずっとアフリカで暮らしていたということになるだろう。

ところがその後、サピエンスの解剖学的特徴をもつ最古の化石が発見され、その年代が約33万〜30万年前とされたことで、従来のアフリカ起源説は大きく動揺することになる。〝最古のサピエンス〟はジェベル・イルード遺跡で見つかったのだが、その場所は北アフリカのモロッコだったのだ（正確には石器や頭蓋の破片が発見されたのは1960年代で、近年の再鑑定で約30万年前のものと評価された）。

アフリカ起源説では、サピエンスはサハラ以南のアフリカのサバンナで誕生し、5万年ほど前に東アフリカの大地溝帯から紅海を渡って「出アフリカ（Out of Africa）」を果たしたとされていた。だが30万年前に北アフリカにサピエンスが暮らしていたとなると、この通説は覆されてしまうのだ。

遺伝学的には、サピエンスは「アフリカ系統」と「ユーラシア系統」の大きく2つの系統に分かれる。ユーラシア系統は5万年ほど前にアフリカを出て世界じゅうに広がっていき、アフリカ系統はそのまま元の大陸に残った。

この2つの系統は、ネアンデルタール人のDNAを保有しているかどうかで明確に分かれる。ネアンデルタール人はユーラシアにしかいなかったため、アフリカにいるサピエンスとは交雑せず、そのためアフリカ系統の現代人にネアンデルタール人のDNAの痕跡はない。

従来の説では、ネアンデルタール人の遺跡がヨーロッパで多く発見されたため、出アフリカ後に北に向かったサピエンスが交雑したとされていた。だが現代人のDNAを解析すると、非アフリカ系（ユーラシア系）はゲノムの1・5〜2・1％ほどがネアンデルタール人に由来するが、東アジア系（私たち）の割合はヨーロッパ系より若干高いことが明らかになったのだ。

その後も、単純な「出アフリカ説」では説明の難しい人類学上の重要な発見が相次いだ。

サピエンスはユーラシアで誕生した

2008年、ロシア・アルタイ地方のデニソワ洞窟で、約4万1000年前に住んでいたとされるヒト属の骨の断片が見つかった。サピエンスともネアンデルタール人とも異なるこの人類は「デニソワ人」と名づけられたが、DNA解析でニューギニアやメラネシアでデニソワ人との交雑が行なわれていたことがわかった。――ライクは、これをシベリア（北方）のデニソワ人とは別系統としてアウストラロ（南方）・デニソワ人と呼んでいる。

さらに、アフリカ系と非アフリカ系のＤＮＡを比較すると、ネアンデルタール人、デニソワ人とは別系統のＤＮＡをもつ集団がいたと考えないと整合性がとれないこともわかった。

ライクはこの幻の古代人を「超旧人類」と名づけ、サピエンス、ネアンデルタール人、デニソワ人の共通祖先（約77万～55万年前）よりもさらに古い１４０万～90万年前に分岐したと推定した。超旧人類はデニソワ人と交雑し、その後、絶滅したと考えられる。

約５万年前にサピエンスが「出アフリカ」を遂げたとき、ユーラシアにはすくなくともネアンデルタール人とデニソワ人（アウストラロ・デニソワ人）という人類がおり、サピエンスは彼らと各地で遭遇した。交雑というのは性交によって子どもをつくることで、動物の交配（品種改良）を見ればわかるように、きわめて近い血統でなければこうしたことは起こらない。

分類学では、子をつくらなくなった時点で別の「種」になったとみなす。ということは、サピエンス、ネアンデルタール人、デニソワ人は（あるいは超旧人類も）「同種」ということだ。ネアンデルタール人とデニソワ人は同じユーラシアに住み、47万～38万年前に分岐したとされるから「同種」なのもわかるが、それより前の77万～55万年前に分岐し、地理的に隔絶したアフリカ大陸で（最長）70万年も独自の進化をとげてきたはずのサピエンスがとつぜんユーラシアに現われ、彼らと交雑できるのだろうか。

ここでライクは、きわめて大胆な説を唱える。サピエンスもユーラシアで誕生したというのだ。

ネアンデルタール人になにが起こったか？

ライクは古代人のDNA解析にもとづいて、ユーラシアに進出したホモ・エレクトスから超旧人類が分岐し、さらにサピエンス、ネアンデルタール人、デニソワ人と分岐していったのではないかと考える。デニソワ人は東ユーラシアから南ユーラシアに広がり、ネアンデルタール人はヨーロッパを中心に西ユーラシアに分布した。だとしたら、サピエンスはどこにいたのか。

ライクの説によると、サピエンスは脆弱な人類で、ネアンデルタール人に圧迫されて中東の一部に押し込められていた。その後、ネアンデルタール人がさらに中東まで進出したことで、約30万年前には北アフリカや東アフリカまで撤退せざるを得なくなった。これが、モロッコでサピエンスの痕跡が発見された理由だ。

ところが5万年ほど前に、そのサピエンスが「出アフリカ」を敢行し、こんどはネアンデルタール人やデニソワ人などを「絶滅」させながらユーラシアじゅうに広がっていく。このときネアンデルタール人は中東におり、サピエンスと交雑した。このように考えると、アフリカ系にネアンデルタール人のDNAがなく、東アジア系がヨーロッパ系と同程度にネアンデルタール人と交雑していることが説明できる。ネアンデルタール人の遺跡がヨーロッパで多数見つかるのは、サピエンスと遭遇したのち、彼らがユーラシア大陸の西の端に追い詰められていったからだろう。

中東でネアンデルタール人と交雑したサピエンスの一部は東に向かい、北ユーラシアでデニソワ人と、南ユーラシアでアウストラロ・デニソワ人と遭遇して交雑した。その後、彼らはベーリング海峡を渡ってアメリカ大陸へ、海を越えてオーストラリア大陸へ、そして千島列島から北海道、本州へと渡り縄文人の先祖になった。

ところで、ネアンデルタール人に圧迫されて逃げまどっていた脆弱なサピエンスは、なぜ5万年前には、他の人類を絶滅させるまでになったか。これについては遺伝学者のライクはなにも述べていないが、ひとつの仮説として、アフリカに逃げ延びた30万年前から「出アフリカ」の5万年前までのあいだに、共同で狩りをするのに必要な高い知能とコミュニケーション能力を進化させたことが考えられる。これによってサピエンスは、マンモスなどの大型動物だけでなく、ネアンデルタール人やデニソワ人を容赦なく狩り、男を皆殺しにし女を犯して交雑しながら、他の人類を絶滅させていったのかもしれない。

「出アフリカ」はわずか1000人?

分子遺伝学者は、他の人類から分かれアフリカにはじめて登場したサピエンスの人数を6000人から1万人ほどと推計しており、もっとも大胆な予測ではわずか700人だ。このきわめて小さな集団が共通祖先なのだから、人種のちがいにかかわらず私たちは遺伝的にとてもよく似ている。

5万年ほど前、サピエンスの一団がアフリカを出て、アラビア半島を経由してユーラシア大陸全域に広がった。これが「出アフリカ」だが、やはり近年の分子遺伝学の研究では、この集団の実効的人口(子孫ができる交配プール)は1000人から2000人ほどしかいなかったらしい（600人との説もある）。——アフリカを出たのがこの小規模な集団だけだったのか、あるいは旅立ちを試みた多数の集団がきびしい環境で絶滅したのかは明らかではない。

この興味深い知見からわかるのは、アフリカ人の直系の子孫ではないひとたちはみな、「出アフリカ」に成功した1000人から2000人の祖先を共有しているということだ。この隘路（ボトルネック）によって、多くの遺伝的多様性が失われることになった。

若い種であるサピエンスはもともと遺伝的によく似ているが、「ユーラシア系（ユーラシアを経由して南北アメリカやオーストラリアなどに渡ったサピエンスも含む）」はさらにお互いによく似ている。それに対してアフリカには、いまだに多くの遺伝的多型が残されている。

このため遺伝的な集団のちがいを調べると、東アジア系とヨーロッパ系の距離よりも、タンザニア北部中央のハッツァ族から西アフリカのフラニ牧羊民（現在のマリ、ニジェール、ブルキナファソ、ギニアに暮らす）までの距離の方がはるかに長い。アフリカ内の集団間の遺伝子的距離は、世界の他のところに住む「人種的に離れた」集団の遺伝子的距離なみに大きいのだ。

図表6 「遺伝学的に正しい」サピエンスの系統樹

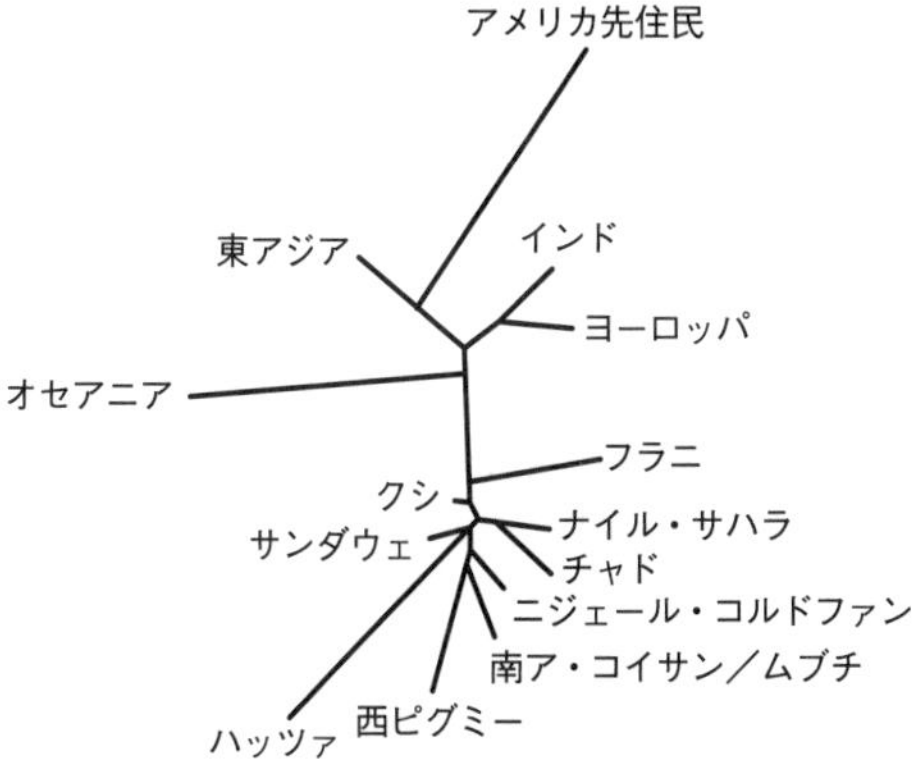

コンリー、フレッチャー『ゲノムで社会の謎を解く』より作成

だとすれば、「遺伝的に正しい人種」はどのようなものだろうか。

まず、「白人」と（北）インド人はきわめて近いので、「インド・ヨーロッパ系」にまとめるべきだ。東アジア系と、南北アメリカの原住民（インディオ／インディアン）もひとつの人種にできるだろう。それに対して「黒人」には2つか3つの区分を立てる必要がある[39]（図表6）。

このように遺伝学的には、「白人」「黒人」という肌の色による集団の区分はまちがいで、「人種」は存在しない。そのため現在では、生物学系の研究者は「大陸系統（continental ancestry）」という用語を使うようになった。

だが、これで問題が片づいたわけではない。大陸系統には明らかに遺伝的な偏りがあり、東アジアからの移動距離が、集団における遺伝的多様性を表わすよい指標になるからだ。人種は科学的に成り立たないが、大陸系統はたしかに遺伝子に基づいている。

このようにして現代の遺伝学は、従来の人種概念をより「科学的」に精緻に修正した。だとすれば、大陸系統でどのような遺伝的なちがいがあるかが次の問題になる。

ヒトの「進化」は加速している

リベラルな進化論者を代表するスティーヴン・ジェイ・グールドは、「人類には4万年あるいは5万年の間、生物学的な変化はなかった。私たちが文化と呼んだり文明と呼んだりするすべては、同じ身体と脳で築かれた」と述べて人種間のちがいを否定した。

これまでの遺伝学の常識では、突然変異はめったに起こらないのだから、自然淘汰による進化（遺伝的変異）のスピードはものすごくゆっくりしているとされてきた。これが、「人類は旧石器時代人のこころをもってアスファルトジャングルを生きている」といわれる所以で、「環境によってしか遺伝子は変化しないのだから、農業革命によってヒトが環境を支配するようになったことで進化は止まった」と唱える研究者もいた。

わずか数万年で腕が3本になったり目が3つになるような大きな変化が起きるわけがないように、脳も器質的には旧石器時代のままであることはまちがいない。だがこれは、なにもかもいっさい変わらないということではない。逆にいままでは、さまざまな証拠から、ヒトの進化が「加速」していることがわかってきた。

進化を「遺伝的な偏り（遺伝子頻度の変動）」とするならば、それが生じる原因は突然変異だけではない。それ以外に、主要なものとして移住、遺伝的浮動、自然選択、社会選択があり、近年ではエピジェネティクス（遺伝子発現の後天的変化）に注目が集まっている。

集団から離れた小さなグループ（移民）がたまたま特有の遺伝子（たとえば青い目）を多くもっていたとすると、移住先ではその頻度が高くなるだろう。自然選択は環境に対して有利な変異が選択され不利な変異が排除されることだが、社会選択では婚姻制度などの文化的要因が遺伝子頻度に影響を与える。

遺伝的浮動は「遺伝子頻度がランダムに変動すること」で、集団のサイズが小さい（人口が少ない）ときにその効果が強く現われる。

サイコロを振ると理論的にはそれぞれの目が6分の1ずつになるはずで、何度も繰り返すうちに結果は理論値に近づいていく。だが試行回数が少ないと、1が3回つづけて出るような極端なことが起こる。遺伝的浮動はこれと同じで、集団のサイズがじゅうぶんに大きいなら遺伝的多型は一定の割合に収斂していくが、数が少ないときは極端なことが起こり、遺伝子頻度が大きく変わることもあり得る。

短期間に集団の遺伝子頻度が変わった代表的な例が、乳糖（ラクトース）への耐性だ。もともとヒトは、乳児期は母乳（乳糖）を栄養源にするが、離乳とともに乳糖不耐性になる（ミルクを飲めなくなる）よう遺伝的に設計されていた。だが西アフリカやヨーロッパで牧畜が広く行なわれるようになると、家畜から採取される高栄養の乳や、そこからつくられる乳製品を消化できないのはきわめて不経済だから、大人になっても乳糖に耐性のある遺伝子が選好されるようになった。こうして牧畜の開始からわずか数千年でヨーロッパや西アジアでチーズなどが食卓に供されるようになったが、日本など東アジア圏では牧畜が一般的ではなかったため、いまだに乳糖不耐性のタイプがかなりいて、牛乳を飲むとおなかをこわしやすく、チーズはソフトタイプよりハードタイプを好む。

日本の学校給食では1980年代頃まで、すべての子どもに強制的に牛乳を飲ませていた。牛乳を飲めない子どもは居残りさせられたが、これは教育の名を借りた「虐待」で、この子どもたちはしつけができていないのではなく、遺伝的に乳糖を分解する能力をもっていなかったのだ。

登山家を助けるシェルパで有名なネパールの高地に住む少数民族も、遺伝子の急速な変異の例として興味深い。シェルパのなかには、標高8848メートルのエベレスト山頂に酸素吸入器を使用しないで4回も登った者もいる。

なぜこれほどまでに高度順応できるかというと、彼らが*EPAS1*という遺伝子の変異を受け継いでいるからだ。これを「シェルパ遺伝子」と呼ぶならば、その機能は赤血球細胞をふつうより少なく産生することだ。

ここで疑問に思うひとがいるかもしれない。酸素は赤血球によって運ばれるのだから、高地に順応するなら逆に血液中の赤血球を多くしなければならないのではないか。これはたしかにそのとおりで、私たちが高地である程度長く過ごすと、ＥＰＯ（エリスロポエチン）というホルモンが分泌され、骨髄にある細胞を刺激して赤血球の産生を増やす。

だがこの方法にはデメリットがあり、生まれてから死ぬまで高地で暮らすには適さない。赤血球は血液の粘度を上げるので、ＥＰＯの分泌が過剰だと血栓が生じる危険性が高くなってしまう。そこで「シェルパ遺伝子」は、低酸素状況下でも長期にわたって身体に安定的に酸素を行き渡らせ、赤血球の過剰産生が起こらないように変異したのだ。

独特の遺伝子をもつ集団としてシェルパは驚くほど若く、彼らがエベレストの麓に移住したのは16世紀頃と考えられている。*EPAS1*（シェルパ遺伝子）の変異は「今まで記録されたなかで最速の人類進化の例」といわれている。[40]

遺伝と文化は「共進化」する

ヒトゲノム計画によって全人類の遺伝子が99・9％は同じで、ヒトには、別の集団にはない遺伝子をもつ特別な集団は存在せず、集団間よりも集団内の方が遺伝的多様性が大きいことが明らかになった。ヒトの種内の遺伝的多様性は、チンパンジーやゴリラ、オランウータンより圧倒的に小さいこともわかっている。生まれた場所や肌の色がちがっても、私たちはお互いにとてもよく似ている。

こうした事実から、「人種のちがいを語るのは非科学的だ」との主張がちからをもつようになった。だが最新の分子遺伝学の知見にもとづいて『ベルカーブ』を批判的に検証した社会学者のダルトン・コンリーと集団衛生学のジェイソン・フレッチャーは、こうした「リベラル」からの批判を「根も葉もない話だ」という。[4]——ちなみに2人の政治的立場はリベラルだ。
ヒトはチンパンジーと98・8%の遺伝子が同じで、ネアンデルタール人とは99・7%を共有している。この論法を拡張すると、人種によるちがいがないのと同様に、サピエンスとネアンデルタール人を区別することも非科学的だし、ヒトがチンパンジーと異なると考えることにも意味がないという話になってしまう。

このような過ちは、人種を遺伝的多様性のちがいで理解しようとすることから生じるとコンリーとフレッチャーはいう。

FOXP2 遺伝子は「言語遺伝子」とも呼ばれ、突然変異で転写因子（他のいくつかの遺伝子の発現を刺激するのを助ける遺伝子）が機能しなくなると言葉によって意思疎通する能力を失ってしまう。この変異をもつ「話がまったく通じない」集団が生まれたとすると、周囲のひとたちと遺伝子的には99・999%が同一にもかかわらず、0・001%の差によってまったくちがう集団（カテゴリー）に入れられることになるだろう。

コンリーとフレッチャーは、このことを次のように説明する。

進化による変化や生物学的差異の多くは、遺伝子の発現の調節（遺伝子のスイッチがいつどこで入ったり切れたりするかの範囲、タイミング、位置）によるものだ。人間の差異のほとんどは、2万の遺伝子のスイッチが特定の組織、特定の時間で入ったり切れたりすることによって生じる。これは、ゲノムの調節領域（プロモーター、エンハンサー、マイクロRNAといった分子のスイッチ）のちがいに基づいて表現型に差が出るということでもある。現代の遺伝学では、身長や体重、性格や行動、精神疾患にいたるまで、表現型のちがいの大半は「遺伝子のネットワーク」の相互作用（ポリジェニック）から生じると考えられている。

従来の遺伝学では、突然変異が自然淘汰を通じて集団のなかに浸透していくには長大な時間がかかるため、現代人は遺伝的には原始時代とほとんど変わっていないとされてきた。だがさまざまな事実が、進化が逆に加速していることを示している。これは遺伝がきわめて複雑な相互作用だからで、そこには自然環境だけでなく社会環境との相互作用も含まれる。これがダーウィン的な「自然選択」説に対する「社会選択」説で、私たち現代人は遺伝と文化の「共進化」の産物なのだ。

ここまで来てようやく、次の議論につなげることができるようになった。

現代の遺伝学は、「人種」のちがいに意味がないことを明らかにした。だが「大陸系統」には、集団遺伝学的にみて明らかな偏りがある。

ヒトの進化が「加速」しているのは、遺伝と文化（社会）が共進化するからだ。文化によって社会環境が変わると、それに適応した遺伝子が選択され、その効果はポリジェニックに増幅される。数千年どころか数百年あれば、これだけで他の集団とは異なる遺伝的傾向をもつグループが生まれる可能性がある。[42]

リベラルな知識人は、「人種は社会的な構築物だ」とか、「人種などというものはない」と好んでいいたがる。だが2002年、遺伝学者のグループがゲノム解析によって世界中の集団サンプルを分析し、なんら人種的偏見をもたなくても、それが一般的な人種カテゴリー、すなわち「アフリカ人」「ヨーロッパ人」「東アジア人」「オセアニア原住民」[43]「アメリカ原住民」と強い関係のあるクラスターにグループ分けされることを立証した。これはもちろん、「人種によってひとを区別（差別）できる」ということではないが、人種（大陸系統）のちがいに遺伝的な根拠があることをもはや否定することはできない。

このことは、もっとも論争の的となる人種と知能の問題でも同じだ。

ヨーロッパ人系統の40万人以上のゲノムをさまざまな病気との関連で調査した結果から、遺伝学者のグループが就学年数に関する情報だけを抽出した。その後、家庭の経済状況などのさまざまなちがいを調整したうえで、ゲノム解析によって、就学年数の少ない個人より多い個人の方に圧倒的によく見られる74の遺伝的変異が特定された。[44]
これも遺伝によって頭のよさ（就学年数の長さ）が決まっているということではないが、遺伝学には就学年数を予測する力があり、それはけっして些細なものではない。予測値がもっとも高いほうから5％のひとが12年の教育期間を完了する見込みは96％なのに対して、もっとも低いほうから5％のひとは37％なのだ。
古代DNA研究の第一人者であるデイヴィッド・ライクは、リベラルな研究者でありながら（あるいはリベラルだからこそ）、こうしたリベラル派にとって不都合な研究結果を紹介し、「実質的な差異の可能性を否定する人々が、弁明の余地のない立場にみずからを追い込んでいるのではないか」として、「そうした立場は科学の猛攻撃に遭えばひとたまりもないだろう」と危惧する。
「認知や行動の特性の大半については、まだ説得力のある研究ができるだけの試料数が得られていないが、研究のためのテクノロジーはある。好むと好まざるとにかかわらず、世界のどこかで、質のよい研究が実施される日が来るだろうし、いったん実施されれば、発見される遺伝学的なつながりを否定することはできないだろう。そうした研究が発表されるとき、わたしたちは正面から向き合い、責任を持って対処しなければならない。きっと驚くような結果も含まれていることだろう」[45]

私なりに翻案するならば、ライクの警告は、「扉の陰にいるのは白いネコであるべきだし、白いネコに間違いないし、いっさい異論は許さない」と頑強に主張しているときに、黒いネコが出てきたらいったいどうなるのか、ということだ。そして黒ネコは、すでに身体の半分を現わしている。

アボリジニはオーストラリアの原住民で、17世紀にヨーロッパ人によって「発見」されるまでは文明世界から孤立して暮らしていた。——ちなみに「アボリジニ」に対しても「差別語」との批判があり「インディジーニャス・オーストラリアン」が一部で使われるようになった。Indigenousは「土着の」という意味だが、「アフリカン・アメリカン」や「ネイティブ・アメリカン」と同様にこうしたPC な（政治的に正しい）新語が定着するとは思えないので本書では従来どおり「アボリジニ」を使う。

アボリジニのIQは高い

伝統的社会に暮らすひとたちのＩＱを測ると、それが生得的なものか文化のちがいによるものかは別として、かなり低いことが知られている。アボリジニのＩＱは１９６０年代から何人かの認知科学者が計測しているが、55～60程度とされている。

1981年に西オーストラリア大学のジュディス・カーリンズが、アボリジニと白人の子どもの知能を比較して興味深い発見をした[46]。

色や形のちがう20個の積み木を子どもの前に置き、30秒間でその場所を覚えさせる。その後、いったんばらばらにし、元の位置に戻すよう指示する。

空間記憶能力を測るこのテストで、アボリジニの子どもは同い年の白人の子どもをはるかに上回る成績をあげた。白人の子どもの知能を100とすれば、アボリジニの子どもは1標準偏差以上も高い119だったのだ。

カーリンズは、アボリジニの空間記憶能力がきわめて高いのは砂漠地帯に暮らしているからだと考えた。砂漠で自らの場所を見失わないようにするには、わずかな目印のちがいを正確に記憶できなければならない。

カーリンズは触れていないが、この推測が正しいとすれば「加速化する進化」の有力な証拠になる。なぜならアボリジニは、もともと砂漠には住んでいなかったから。オーストラリア沿岸部の緑ゆたかな場所で暮らしていた彼らは、1770年のオーストラリア「発見」以降、植民者（侵略者）である白人によって砂漠へと追い立てられたのだ。

アボリジニの高い空間記憶能力は、IQ（知能指数）が知識社会への適応度を測っているにすぎないことを明確に示している。知識社会（文明世界）とは別の環境であれば、伝統的社会のひとたちのほうがずっと〝賢い〟のだ。

学力ランキングはよくてIQランキングは差別？

このことを強調したうえで、イギリスの認知心理学者リチャード・リンの著書『Race Differences In Intelligence（知能における人種的ちがい）』から各国別のIQを紹介したい。リンは世界各国で行なわれた知能テストのデータを精力的に収集し（ときには自ら実施し）、その結果を2006年にまとめた。ここで掲載するのは2015年の第二版のもので、新たなデータが追加されている。

あらかじめ断っておくと、このデータはそうとうに衝撃的だ。当然のことながらリンは欧米のリベラルから「白人至上主義」「人種主義」のレッテルを貼られてはげしく攻撃されており、実際、「アフリカ系アメリカ人の肌の色と知性に相関関係がある」とするかなり微妙な研究もある。

個々のデータの取り扱いについても批判があるが、その一方でリンが収集した800ちかいIQデータのすべてが間違っているとするのは困難で、反対派は（グールドのように）ＩＱ＝一般知能そのものを否定するほかなくなっている（データが偏向しているのなら、正しいデータセットで再集計すればいい）。日系アメリカ人の進化心理学者サトシ・カナザワなど、専門家のなかにも（少数ながら）リンの仕事を評価する者もいる。――すくなくとも原書（『知能における人種的ちがい』）を読んだかぎりでは、白人至上主義・人種主義的な主張は見受けられなかった。

さらにいうならば、プロローグで紹介したＰＩＡＡＣ（国際成人力調査）や、日本でも大きく報道されるＰＩＳＡ（国際学力調査）のように、国際的な公的機関が国別の学力ランキングを公表している。ＩＱと学力は同じではないが、その相関がきわめて強いことは認知科学では常識だ。学力ランキングは問題なくて、「ＩＱの国別比較は差別だから許されない」との主張はバカげている。――日本では「リベラル」を自称するメディアが、高校や大学の偏差値ランキングをさかんに商業化していることも付け加えておこう。

原書では、それぞれの国で行なわれた知能テストの結果が個別にリスト化されている。テストの形式が異なることと、被験者が子どもから学生、成人まで多岐にわたるからだが、膨大な量になるため、本書ではデータ数を表示したうえで国別の平均を計算した。

正確性にはやや欠けるが、大学生対象など明らかに母集団に偏りがあるものははじかれており、著者も本文中の説明では同様の平均を使っているので全体の傾向を知るには有用だろう。詳細を知りたい方は原著にあたってほしい。アメリカでは一般書としてふつうに販売されており、私もアマゾンの電子版で購入した（２０１８年11月現在、レビューでは平均４・０の高評価を得ている）[47]。

データ数が少ないものは極端な値が出ることがある。たとえばミャンマーのＩＱは１０７、カンボジアは65となっているが、いずれもデータは１つだけで、周辺の国と大きく異なっているため結果には疑問が残る。いわずもがなだが、ゼロポイント単位のわずかな数字のちがいに意味はない。

当初は主要国だけをリスト化することも検討したが、本書で取り上げなければ今後も日本では一般に紹介されることはないと考え、すべての国のＩＱを掲載することにした（図表７）。同じ国が異なる地域に出てくることがあるが、原書に準じそのままにした。

図表7　各国別のIQ一覧

国・地域・民族	IQ	データ数	国・地域・民族	IQ	データ数
ヨーロッパ系白人					
アルバニア	84.2	1	リトアニア	95	3
オーストリア	99.6	3	ルクセンブルク	96.7	1
ベルギー	100.7	4	マケドニア	91.8	1
ボスニア・ヘルツェゴビナ	93.6	2	マルタ	95.9	2
イギリス	99.9	3	モルドヴァ	93.8	1
ブルガリア	93.4	5	モンテネグロ	87.1	1
クロアチア	97.3	4	オランダ	101.6	5
チェコ	98.6	4	北アイルランド	97	1
デンマーク	97.8	3	ノルウェイ	99	2
イングランド	100.2	1	ポーランド	97	7
エストニア	100	3	ポルトガル	94.9	3
フィンランド	100.3	3	ルーマニア	91.2	4
フランス	98.5	7	ロシア	97.1	4
ドイツ	99.1	12	スコットランド	97.4	4
ギリシア	92.6	8	セルビア	92.2	6
ハンガリー	98.1	4	スロバキア	98	5
アイスランド	99.9	2	スロベニア	98.2	6
アイルランド	93.2	11	スペイン	97.6	6
イタリア	97.9	8	スウェーデン	99.9	4
ラトビア	97.4	1	スイス	101.3	4
リヒテンシュタイン	101.7	1	ウクライナ	95.5	2
ヨーロッパ以外に住むヨーロッパ系白人					
アルゼンチン	95.3	7	メキシコ	98	1
オーストラリア	98.2	6	ニュージーランド	100.7	4
ブラジル	95	1	南アフリカ	94	1
カナダ	99.8	5	アメリカ	99.7	7
チリ	89.5	1	ウルグアイ	93.2	2
コロンビア	95	1	ジンバブウェ	100	1
コスタリカ	87	1			
中東、南アジア					
アルメニア	93.9	2	バングラデッシュ	81	1
アゼルバイジャン	86.1	1	キプロス	92.8	1
バーレーン	89.1	1	ジョージア（グルジア）	87.8	1

国・地域・民族	IQ	データ数	国・地域・民族	IQ	データ数
インド	83	17	オマーン	84.2	3
イラン	85.9	5	パキスタン	84	4
イラク	87	2	パレスティナ	84.7	2
イスラエル	94.2	9	カタール	83.6	4
アラブ系イスラエル	86	1	サウジアラビア	79.1	5
ヨルダン	85.5	4	セイシェル	83.5	1
カザフスタン	86	1	スリランカ	79	1
クウェート	86.5	2	シリア	84.2	3
キルギス	75.7	1	トルコ	88.1	6
レバノン	87.2	2	イエメン	77.3	3
モーリシャス	83.9	1	アラブ首長国連邦	88.5	2
ネパール	78	1			
北アフリカ					
アルジェリア	84.1	1	モロッコ	83.1	3
エジプト	81	4	スーダン	79.3	10
リビア	82.2	6	チュニジア	85.2	2
サハラ以南のアフリカ					
ベナン	69	1	レソト	70	1
ボツワナ	76.9	2	マダガスカル	79	2
ブルキナファソ	72.3	1	マラウィ	68.1	2
ブルンジ	76.4	1	マリ	69.4	5
カメルーン	71	2	モザンビーク	70	2
中央アフリカ	64	1	ナミビア	71	2
チャド	68.4	1	ニジェール	62.4	1
コモロ	71.9	1	ナイジェリア	73.3	13
コンゴ共和国	73.5	4	ルワンダ	76	1
コンゴ民主共和国（ザイール）	67.6	8	セネガル	71	3
			シエラレオネ	64	2
エリトリア	75.5	2	南アフリカ	70.5	27
エチオピア	71.4	5	南スーダン	69	1
ガボン	77.9	1	スーダン	67	1
ガンビア	61.3	3	スワジランド	81.8	1
ガーナ	70.7	6	タンザニア	70.3	5
ギアナ	66.5	2	ウガンダ	74.2	5
コートジボワール	68	2	ザイール	70.1	8
ケニア	74.7	9	ザンビア	72	5

国・地域・民族	IQ	データ数	国・地域・民族	IQ	データ数
ザンジバル	74.3	1	ブッシュマン	55.3	N/A
ジンバブウェ	73.1	3	ピグミー	57	N/A
カリブ・ラテンアメリカのアフリカ系					
バルバドス	80	1	アンティル	87	1
ブラジル	68.3	3	セントルシア	62	1
ドミニカ	69.7	3	セントヴィンセント	71	1
ジャマイカ	68.6	7	トリニダードトバゴ	88	1
欧米諸国のアフリカ系					
アメリカ	84.3	40	オランダ/フランス/ベルギー	83.1	9
イギリス	86.6	22			
カナダ	84	3	イスラエル	73.7	3
ヨーロッパ系白人とアフリカ系の混血					
ブラジル	81	1	南アフリカ	83	3
カナダ	93	1	アメリカ	93.5	4
ドイツ	94	1			
東南アジア					
ミャンマー	107	1	フィリピン	87.3	3
カンボジア	65	1	シンガポール	93	1
インドネシア	85.3	6	タイ	90	24
ラオス	90.5	2	ベトナム	92.1	10
マレーシア	90.3	3			
オセアニア					
アボリジニ	61.7	17	アボリジニとヨーロッパ系白人の混血	80	4
ニューギニア	63	N/A			
北東アジア					
中国	106.8	12	シンガポール	110.6	4
香港	108.8	11	韓国	106.4	6
日本	105.4	24	台湾	105.2	14
マカオ	101.2	1	チベット	92	1
モンゴル	100	1	エスキモー	88.3	18
ネイティブアメリカン					
アメリカ	85.2	18	グアテマラ	79	1
カナダ	86.2	5	メキシコ	87	4
コロンビア	84	1	ペルー	86	2
エクアドル	87	4			

Richard Lynn *Race Differences in Intelligence*（2015）より作成

知能の基準はサン人

データを一覧すればわかるように、ＩＱは地域（大陸系統）によって明らかなちがいがあり、周辺国の値は民族や文化、社会・政治制度のちがいにかかわらずよく似ている。これをどのように理解すればいいのだろうか。

以下、認知心理学者リチャード・リンの見解に私自身の解釈を加えて説明してみよう。

サハラ以南のアフリカの項目で「ブッシュマン」とされているのはカラハリ砂漠に住む狩猟採集民で、いまはサン人と呼ばれている。ピグミーはアフリカ赤道付近の熱帯雨林に住む狩猟採集民で、いずれも身長１５０〜１５５センチの低身長が特徴だ。近年のＤＮＡ解析ではサン人は「最古のヒト（サピエンス）」と見なされ、ピグミーは７万〜６万年前にサン人の系統から分岐したと考えられている。彼らのＩＱは、先進諸国と同様の知能テストを行なうことはできないため推計だが、55〜60程度らしい。

この知見を前提とするならば、私たちは「知能」についての考え方を根本的に見直さなくてはならない。

現在の知能テストはグリニッジ標準時と同様に、それが開発されたイギリスを１００

として標準化されている。だがサピエンスの進化の過程を考えるならば、知能の基準はサン人やピグミーであり、それが77万〜55万年のあいだに、さまざまな淘汰圧《とうたあつ》を受けて上昇していったのだ（同様に身長も伸びていった）。

では、サブサハラ（サハラ以南）のアフリカ（俗に「ブラックアフリカ」と呼ばれる地域）では、ヨーロッパ人と遭遇するまで大規模な農耕文明を生み出すことはなかったが、それでもIQは75程度と1標準偏差以上高くなっている。狩猟採集を主とする伝統的社会でもIQが高くなる理由をリンは、人口が増えたことで、共同体内でより「賢く」振る舞う性質が選好されたからではないかと推測している。サン人やピグミーは人口が少なかったことで、こうした淘汰圧が弱かったのだ。

寒冷地への移住で知能が上がる

「出アフリカ」を果たしたサピエンスはユーラシア大陸に広がり、約4万年前に東の果ての日本列島に到達し、のちの「縄文人」の先祖になった。一部はシベリアからベーリング海峡を渡り、アメリカ大陸で独自の文明を築くことになる。

アフリカを出たごく少数（1000〜2000人程度）のサピエンスが最初に定住し

たと思われるナイル川流域（エジプト）やティグリス・ユーフラテス川流域（イラク、イラン）、東地中海（シリア、ヨルダン）のＩＱは85程度で、サブサハラのアフリカ諸国より1標準偏差ちかく高くなっている。

それぞれの国のＩＱにはかなりの幅があるとしても、はっきりしていることがひとつある。ユーラシア系（南北アメリカなどを含む）のうちで、ＩＱでアフリカ系を下回る国はひとつもないのだ。

このことは、出アフリカ後の比較的早い段階で、なんらかの要因で知能が上昇したことを示している。リンはその理由を、端的に「ユーラシアはアフリカより寒いから」だという。

サピエンスは無毛なので、寒くきびしい冬を乗り越えるには毛皮を身にまとい、あたたかな住居をつくり、夜通し火を焚《た》きつづけなくてはならない。こうした「テクノロジー」はいずれも、熱帯や亜熱帯に属するアフリカの暮らしには不要なものだ。

四季がはっきりしているユーラシア大陸では、寒暖によって食料の獲得方法が変わる。とりわけ冬から初春にかけて動物は冬眠し、植物も実をつけないため、食料を効果的に貯蔵できなければ餓死《がし》するほかはない。冬でも活動する少数の大型動物（マンモスやオオツノシカ）はサバンナの動物よりはるかに狩るのが難しかっただろう。

こうした自然環境の変化による淘汰圧が高い知能を選好させ、数万年のあいだに徐々にIQを引き上げていった。この仮説に説得力があるのは、狩猟採集生活の伝統的社会でも、エスキモーのIQは88、アメリカ大陸のインディオ／インディアンも85～87で、サブサハラのアフリカ人より高いからだ。

その後、1万～1万2000年前に北アフリカと西アジアで小麦が栽培され、次いで揚子江流域で米がつくられるようになる。インドには西から小麦作が、東から稲作が伝わった。こうして四大文明が誕生するのだが、そのためにはIQ80～85程度でじゅうぶんだったようだ。

もちろん現代のエジプト人やイラク人が、古代エジプト人、バビロニア人と遺伝的に同じとはいえない（「日本人の起源」も同様だが、このあたりのことをいいはじめるとものすごくややこしい議論になる）。だがヒトの知能が趨勢的に上昇しているとすると、古代エジプト人やバビロニア人の知能が現代人よりはるかに高かったとは考えにくい。

アメリカ大陸の原住民のIQが中近東のひとたちと変わらないことは、「（南北に長いという）地理的制約さえなければ彼らもユーラシア大陸に匹敵する大文明をつくることができた」というジャレド・ダイアモンドの主張の傍証になるだろう。[48]

ヨーロッパはなぜ北にいくほどIQが高いのか？

国別のＩＱデータでは、ヨーロッパに顕著な特徴がある。それは「北にいくほど知能が高くなる」ということだ。この表では省略されているが、南北に長いイタリアではシチリアやナポリなど南部のＩＱが低く、ミラノなど北部に行くにしたがってＩＱが高くなる傾向が確認できる。

ヨーロッパにおける南北のＩＱのちがいは、それ以外の地域に移住した白人にも反映されている。

19世紀後半からおよそ1世紀にわたって、シチリアなど南イタリアから大量の移民が押し寄せたアルゼンチンのヨーロッパ系白人のＩＱは95だ。それに対してイギリス、フランス、ドイツなど北ヨーロッパからの移民が多かったアメリカ、カナダ、オーストラリア、ニュージーランドなどでは、白人のＩＱはどこも１００前後になっている。これは、集団の知能が文化的・社会的なものというより遺伝の強い影響を受けている強力な証拠になる。

ではなぜ、ヨーロッパでは北に行くほどIQが高くなるのか。リンはここでも自然環境を持ち出す。地中海沿岸のギリシアや南イタリア、スペインよりも北海沿岸のイギリスやドイツ、北欧諸国・ベネルクス三国の方が寒く、それに対処するため知能が高くなったというのだ。ほぼ同じ気候条件でもエスキモーのIQが北欧より低いのは集団の人数が少ないからで、知能を引き上げるのに必要なイノベーションを起こせなかったためだとされる。

だが私は、この説には懐疑的だ。ユーラシアの他の地域や南北アメリカでは「寒くなるほど知能が高くなる」という傾向は確認できないし、「蛮族」と扱われたケルト人やゲルマン人が古代ギリシア人や古代ローマ人より知能が高かったとか、「野蛮人」の典型とされたヴァイキングが、イスラーム支配下のスペイン（当時、ヨーロッパでもっとも高度な文明を誇った）の住民より知能が高かったというのは信じがたい。

近年のDNA解析によって、北ヨーロッパの白人はもともとそこに住んでいたのではなく、わずか5000年前に東から移住してきたことがわかっている。

約1万年前、中東の肥沃な三日月地帯で農耕が始まると、新たなテクノロジーを手にしたひとびとは農耕可能な土地を求めて東西に移住していった。しかしなかには農耕に適さない森林地帯や草原（ステップ）地帯もあり、そこには依然として狩猟採集民がいた。農耕民と狩猟採集民は、時に交易し、時に殺し合いながら暮らしていた。

遺伝学的には、8000年前頃の西ユーラシアの狩猟採集民は青い目に濃い色の肌、黒っぽい髪という、いまでは珍しい組み合わせの風貌だったと推定されている。ヨーロッパの最初の農耕民のほとんどは、肌の色は明るかったが髪は暗い色で茶色の目をしていた。典型的なヨーロッパ人の金髪をもたらした変異の最古の例として知られているのは、シベリア東部のバイカル湖地帯でみつかった1万7000年前の古代北ユーラシア人だ。

ヨーロッパの東には中央ヨーロッパから中国へと約8000キロにわたって延びる広大なステップ地帯があったが、5000年ほど前にそこで馬と車輪というイノベーションが起きた。この最初の遊牧民の文化を「ヤムナヤ」と呼ぶ。

馬という高速移動手段を手にしたヤムナヤの遊牧民は、新たな土地を求めて移動を繰り返した。このうち西に向かった遊牧民が現在のヨーロッパ人の祖先だ。

だが不思議なことに、現代ヨーロッパ人の遺伝子にはヤムナヤの遊牧民と原住民（もとから住んでいた農耕民）が交雑した痕跡はほとんど残っていない。DNA解析によれば、彼らは原住民とほぼかんぜんに置き換わってしまったのだ。

遊牧民が農耕民の村を襲ったのだとすれば、男を殺して女を犯して交雑が起きるはずだ。その痕跡がないということは、遊牧民がやってきたときには農耕民はいなかった、ということになる。そんなことがあるのだろうか。

ここでの大胆な仮説は病原菌だ。ペストはもとはステップ地帯の風土病とされているが、遊牧民が移住とともにこの病原菌を運んできたとしたら、免疫のない農耕民はたちまち死に絶えてしまったはずだ。こうして交雑なしに集団が入れ替わったのではないだろうか。[49]

15世紀にヨーロッパ人はアメリカ大陸を「発見」し、銃だけでなく病原菌によってアメリカ原住民は甚大な被害を受けた。興味深いことに、それとまったく同じことが5000年前のヨーロッパでも起き、「原ヨーロッパ人」は絶滅していたかもしれないのだ。

宗教改革と知能

リンは、社会的・文化的な強い淘汰圧によって10～20世代（250～500年程度）で遺伝的な偏りが起こりうる可能性を考慮していない。だが近年では、ヒトの進化が加速していることがさまざまな研究で示されている。そこでここでは、宗教改革（1517年）とその後の啓蒙主義の可能性を考えてみたい。なぜなら、IQの高い北ヨーロッパはプロテスタントの国とほぼ重なるからだ。

マックス・ヴェーバーの名高い『プロテスタンティズムの倫理と資本主義の精神』では、宗教改革が信者（プロテスタント）に勤勉・勤労と禁欲の倫理を求め、それが近代的な資本主義を生み出したとされる。だがそれと同時に、プロテスタンティズムは高い識字能力を信者に要求した。

グーテンベルクが活版印刷を発明し、「四十二行聖書」の印刷を完成させたのは1455年で、その60年後にカトリックを批判し、95カ条の論題を教会の門扉に打ちつけたマルティン・ルターは、自らの主張を広めるのに印刷物（パンフレット）を縦横に活用できた。

ドイツ中世史の阿部謹也によれば、都市部を中心に宗教改革の是非をめぐる議論が沸《ふっ》騰《とう》したことで、1500年から1530年のあいだに約1万種のパンフレットが刷られ、各1000部としても全体で1000万部にもなる。当時の識字率は5％程度だが、こうしたパンフレットは居酒屋などに持ち込まれ、文字の読める者が1人でもいればその内容がみなに知られていった。こうした「居酒屋学習」によって、無学の手工業職人が三位一体の教えについて、あるいは化体説（聖変化）について滔々《とうとう》たる弁舌をふるうようになった。[50]

宗教改革は個人の信仰告白を重視したが、そのためには誰もが聖書を読めなければならず、聖書の現地語訳と初等教育のための学校の設立が求められた。その先頭に立ったのがルターのお膝元《ひざもと》であるザクセンの諸都市で、1514年に早くもラテン語学校が設立されている。

ドイツで最初の大学は1409年にプラハから移住したドイツ人教師と学生によって設立されたライプチッヒ大学だが、宗教改革後の時代（1500～1625年）にはマールブルク大学、ケーニヒスベルク大学など18もの大学が設立された。こうしたプロテスタント系の大学は勃興する領邦国家によって支援され、国家官僚、教師、牧師を養成した。学問は同時に職業教育となり、それらがすべて信仰と結びついていた。それに対してイエズス会の司祭が嘆いているように、カトリックの大学はわずかしかなかった。

こうした事情はドイツだけでなく、スイスやオランダ、イギリスや北欧諸国などプロテスタント圏ではほぼ同じだった。宗教改革は「知は力なり」という知識社会を大衆化し、政治・宗教・社会・文化の大きな変化に適応するよう短期間にひとびとのＩＱを引き上げたのではないだろうか。――本書ではこの仮説を提示しておきたい。

科挙が東アジア系の知能を上げた？

北ヨーロッパのＩＱは１００に到達しているが、世界ではそれ以外にも高いＩＱをもつ地域がある。それが東アジアの中国、日本、韓国、台湾、香港、シンガポールに住む中国人（華人）、日本人、韓国・朝鮮人だ（北朝鮮のデータはないが、韓国人と大きく異なることはないだろう）。

リンはここでも「寒冷説」をもちだすが、やはり説得力があるとはいいがたい。中国南部は亜熱帯に属しているし、香港、シンガポール、台湾のひとたちの多くは冬でも暖かな広東省や福建省に祖先をもつが、彼らの知能は同じように高いからだ。

日本ではマックス・ヴェーバーの影響のもと、鎌倉時代の新仏教や江戸時代の儒者にプロテスタントと同様の職業倫理（勤労と禁欲）を見出そうとする試みがさかんに行なわれた[51]。こうした議論を否定するわけではないものの、これだけでは社会・文化が日本と異なる中国や韓国も同様にＩＱが高い理由を説明できない。

そこでここでは、ふたつの仮説を提示したい。

ひとつは科挙《かきょ》で、6世紀の隋《ずい》で始まり、10世紀の宋代になって貴族制（身分制）が廃され、家柄にかかわらず試験で高得点をとれば皇帝の側近にもなれる世俗的な知識社会が完成した。科挙制度は朝鮮半島にも移植され、両班《ヤンバン》の特権は残されたものの、李氏朝鮮時代には武科は庶民でも受験できた。一方、日本では科挙はいちども行なわれたことがない。

だが当時の東アジアは中国が「世界の中心」で、そこで知識社会が成立したことは周辺諸国に大きな影響を与えたはずだ。科挙の制度そのものは導入しないとしても、「知能が高ければ社会的・経済的に成功できる」という価値観は広まっていった。江戸時代の日本では寺院が寺子屋で町人の子どもに読み書きを教えたが、子どもは貴重な労働力なのだから、それ以上の価値が「教育」にあると親が納得しなければこんなことは起こらないだろう。

東アジアでは科挙によって知識社会が大衆化し、庶民までが「知は力なり」という価値観を受け入れるようになった。こうした社会が500年（20世代）から1000年（40世代）つづけば、上流階級（支配層）だけでなく他の階層でも「賢い子ども」が選好されるようになり、IQが1標準偏差ほど上がっても不思議はない。――これが第一の仮説だ。

稲作というイノベーション

第二の仮説はこの因果関係を逆にして、中国（東アジア）ではもともと知能が高かったからこそ、身分にかかわらず試験によって官吏を選抜するという、ヨーロッパや中東、インドなど他の文明社会では想像すらできない奇抜な発想が生まれたのだと考える。

私たちはごく自然に、「アジアは貧しくヨーロッパはゆたかだ」と考えている。中国やインドはどこもひとで溢《あふ》れているが、ヨーロッパの都市は路地を一本入れば人影はなくなる。これだけを見れば、貧富の理由は、乏しい稼ぎをたくさんの家族で分け合っている国と、少数の国民で富を分配している国のちがいに思える。

だがこの「常識」は、18世紀半ばの産業革命以降に生まれたものだ。

当たり前の話だが、人口が多いのはそれを養うだけの食糧を生産できるからだ。食糧が乏しければ家族を増やすことはできない。中世ヨーロッパでも女性はたくさんの子どもを産んだが、飢饉《ききん》になればほとんどが栄養失調で死んでしまった。

なぜ洋の東西で人口がこれほどまで違うのか。この謎はものすごく簡単に説明できる。アジアが稲作なのに対し、中東からヨーロッパにかけては小麦がつくられてきたからだ。同じ作物を毎年植えると、土地が瘦せて生育が悪くなる。これが連作障害で、小麦栽培ではずっとこの難題を解決できなかった。農家は、小麦を収穫したら翌年は羊などを放牧し、その翌年は休耕することで地力を保つしかなかった。——灌漑《かんがい》や機械化、品種改良、化学肥料などの「緑の革命」で小麦の単収が大きく上がったのは1960年代になってからだ。

それに対して水田は、水といっしょに土壌に溜まった毒素を洗い流すから連作障害とは無縁だ。日本でも暖かい地方で二期作が行なわれてきたが、亜熱帯の中国南部や東南アジアでは三期作も可能だ。

同じ面積の土地があったとして、そこで小麦を栽培すると3年に1回しか収穫できない。ところが水田で米をつくれば毎年収穫できる。水耕栽培というのは農業におけるとてつもないイノベーションで、養育可能な人口を一挙に増やした。

アジアの人口が多いのは、稲作によってたくさんの子どもを育てることができる、ゆたかな社会だったからだ。だがそれは同時に、狭い地域に多くのひとが暮らす社会でもあった。これほどまで人口密度の高いムラ社会は、狩猟採集社会や遊牧社会はもちろん、小麦作のヨーロッパにも存在しない。だとしたら、これが知能に関係しているのではないだろうか。

産業革命と勤勉革命

アジアとヨーロッパのちがいを人口動態から読み解いたのが歴史人口学の速水融《あきら》で、18世紀イギリスで起きた産業革命が、より少ない労働者でより多く生産する資本集約型の生産革命であったのに対し、江戸時代の日本では、多くの人口を効率的に配置する労働集約型の生産革命、すなわち「勤勉革命」が起きたと述べた[52]。

日本の人口は１６００年の関ヶ原の合戦の頃が１０００万で、それが江戸時代の最初の１００年で３０００万と3倍になった。人口が増えれば、当然、そのぶんだけ食糧を増産しなければならない。

徳川幕府は埋め立てや灌漑事業で新田開発を行ない耕地を増やしたものの、島国で平地の少ない日本では限界があった。それでは、３倍にも増えた人口を江戸時代の社会はどのように養ったのだろうか。

速水はここで、日本の農業が家畜を使わないことに注目する。日本には牛も馬もいたから、家畜を農作業に活用すればより大規模で効率的な農業が可能になる。だが不思議なことに、江戸時代になって社会が安定すると農村から家畜が消えていく。

その理由は、より少ない人手で米をつくると失業者が溢れて村の秩序が崩壊するからだ。それを避けるために日本では、農地を家ごとに細かく分割し、土地の所有権を絶対化して大規模農家が生まれないようにしたうえで、村人全員が日々〝勤勉に〟農作業に従事することで食糧の増産を図った。システム化（工業化）によって生産力を増大させる産業革命Industrial Revolutionに対して、日本では豊富な人口を活用した労働集約型の勤勉革命Industrious Revolutionが起きたのだ。

これはきわめて興味深い説だが、考えてみれば、日本人はそれまでも人口稠密《ちゅうみつ》なムラ社会で暮らしていた。江戸時代の人口の急増で大規模な「勤勉革命」が始まったとしても、そのずっと前から小さな「勤勉革命」は繰り返し起きていたのではないだろうか。

勤勉性は、言葉を変えれば、ムラ社会でうまく生き延びていくための〝知恵〟でもある。微妙な人間関係の綾を読んで適切に対処できなければ、たちまち「村八分」にされ生活の糧を奪われてしまう。それに対して遊牧民は、仲間と喧嘩したら家畜を連れてほかに移動すればいいだけだ。小麦作のヨーロッパや中東でもムラ社会の苦労はあっただろうが、一家族あたりの耕作面積が広く人口密度が低ければ隣人と接触する機会も少なかったはずだ。

東アジアの稲作型ムラ社会では、複雑な人間関係が強い淘汰圧になり、それに対処できる高い知能（コミュ力）が選好された。それが何千年もつづいたことで、孔子などが活躍した紀元前500年頃にはすでに中国（黄河・揚子江流域）の知能はじゅうぶん高くなっていた。——これが第二の仮説だ。

ちなみに私は、古代社会でも特定の集団はきわめて高い知能に達していたのではないかと考えている。それは、プラトン、釈迦、孔子などの賢人が存在するからだ。彼らの哲学・思想はいまも繰り返し参照されるほど高いレベルにある。

知能は集団内で正規分布するので、賢人（天才）が登場するためには、集団の知能の平均値が高くなければならない。古代ギリシア、インド、中国で知能が高くなった理由はさまざまだろうが（古代ギリシアは航海術と交易、古代インドはカーストなど）、農耕のはじまりから5000〜1万年経つ頃には、科学とテクノロジーの支援なしに考えられることはすべて考えつくされてしまった。その後の哲学・宗教は古代の思想のたんなる再解釈だ。

稲作の東アジアでは、人口稠密なムラ社会の淘汰圧でさまざまな遺伝的偏りが生じ、文明の発達とともに、そうした遺伝的特徴に適した政治・社会制度がつくられていった。この遺伝と文化の共進化によって東アジアの知能は引き上げられていったのだろう。

アメリカ黒人の知能は高い

アメリカにおいて「人種と知能」は最大のタブーで、1960年代のジェンセン・スキャンダルや1990年代の『ベルカーブ』がはげしい論争を巻き起こした。そこに、「黒人が経済的に成功できないのは遺伝的に知能が低いからだ」との含意があると見なされたからだ。ヘッドスタート（貧困層への教育援助）やアファーマティブ・アクション（積極的差別是正措置）を批判する保守派は、これは差別ではなくたんなる科学だと反論する。それが終わりのない罵倒の応酬になっていくのは、昨今の日本のインターネット空間で見られるのと同じだ。

だが認知心理学者のリンが収集したデータを見るかぎり、アメリカの黒人のIQはけっして低くはない。IQ85というのはサブサハラのアフリカ人（IQ70）より1標準偏差も高く、中東や北アフリカ、南アジア、中央アジアなど世界の多くの国と変わらない。それにもかかわらず黒人の置かれた状況が、こうした地域からの移民より劣悪だとすれば、その理由として「差別」の存在を否定できないのではないだろうか。

アメリカの履歴書には人種による選考を避けるために顔写真を貼る欄がないが、アフリカ人に特徴的な名前（イマーニやジャマール）だと明らかに面接に呼ばれにくくなる。事業者に差別意識がなくても、「黒人労働者は職場の定着率が低い」というような過去のデータから忌避《きひ》されるのだ（統計的差別）。黒人の生徒に人種を意識してテストを受けさせると、自分が「黒人」だと考えただけで成績が下がってしまう「差別の内面化」や、自分は人種差別などしないという白人が、職場などで白人をえこひいきする「無意識の偏見」もさまざまな実験で繰り返し確認されている。こうした見えない差別が黒人の苦境を生み出していることはまちがいない。——その一方で『ベルカーブ』では、IQを揃えると黒人の方が白人よりも専門職につき、高い年収を得ていることが統計的に示されている。

なぜアフリカに祖先があっても、アメリカの黒人（カナダ、イギリス、ベルギーの黒人も）のIQはずっと高いのか。

考えられる理由のひとつは教育環境、もうひとつは遺伝（混血）で、おそらくはこの両者が影響しあっているのだろう。アメリカでは奴隷制時代に多くの「混血児」（そのほとんどが男性の白人農園主と女性の黒人奴隷のあいだの子ども）が生まれ、〝純粋〟なアフリカ系はほとんどいないとされている。

リンは、データ数は少ないものの、ヨーロッパ系白人と黒人のあいだに生まれた子どものＩＱも調べており、アメリカでは93・5だ。これは、アメリカの白人（99・7）と黒人（84・3）の中間（92）にきわめて近い。カナダも同様の比較が可能で、白人（99・8）と黒人（84）の中間はＩＱ91・9で、それに対して白人と黒人のあいだに生まれた子どものＩＱは93だ。知能は遺伝のみで決まるわけではないとしても、この結果はそうとうに衝撃的だ。

しかしこれを、次のように考えることもできるだろう。

リベラルなひとたちは〝遺伝決定論〟を毛嫌いするが、今後、人種間結婚が増えていけば、遺伝的な要因だけでも知能は平準化していく。残念ながら私たちは目にすることができないだろうが、何十世代、あるいは何百世代たつうちに人種（大陸系統）による知能のちがいは消失するはずなのだ。

ユダヤ人の知能は高くない?

このリストには出ていないが、北ヨーロッパ系や東アジア系よりも高い知能をもつ人種が存在する。ここで当然ユダヤ人を思い浮かべるだろうが、これは正しいとはいえない。イスラエルのIQは94・2で、けっして高いとはいえないからだ。

イスラエルの統計では、「ユダヤ人(Jews)」は3つのグループに分けられる。「アラブ系」「ヨーロッパ系」「オリエント系」だ。アラブ系はイスラエル社会の20%で、建国以前からこの地でユダヤ教徒として暮らしてきたひとたちだ。

40%を占めるヨーロッパ系は「アシュケナージ」と「セファルディム」で、前者はロシア・東欧、後者はスペインなど南欧で長く暮らした。セファルディムはレコンキスタ(1492年)でイベリア半島からイスラームが撤退した際にオスマン帝国領に移住したため、ナチスによるホロコーストの難を逃れた。

残りの40%を占めるオリエント系は「ミズラヒム」と呼ばれ、本来はコーカサス地方など東(オリエント)に住むユダヤ人のことだが、ベタ・イスラエル(エチオピアのユダヤ人)などを含め、アラブ系、ヨーロッパ系に含まれないユダヤ人のカテゴリーとして使われている。

集団別のIQを見ると、アラブ系86、オリエント系91に対してヨーロッパ系は103となっている。イスラエルのユダヤ人のうちヨーロッパ系はきわだって知能が高く、オリエント系はアラブ系とヨーロッパ系のほぼ中間だ。

このうちもっとも正統なユダヤ人は、いうまでもなく「父祖の地」でずっと信仰を守ってきたアラブ系だ。彼らのIQ（86）は中東の周辺地域と変わらず、たとえばパレスティナ人は84・7だ。すくなくとも知能を見るかぎり、アラブ系ユダヤ人になにも特別なことはない。

しかし、これは不思議でもなんでもない。アラブ系ユダヤ人とパレスティナ人はまったく同じ「人種」だからだ。

パレスティナ人はイスラームに改宗したユダヤ人

オーストリアに生まれ、両親とともにイスラエルに移住して歴史家となったシュロモー・サンドは、現代ヨーロッパ史を学ぶうちに、イスラエルという国の成り立ちに疑問をもつようになった。国民国家として建国されたはずなのに、そこには「イスラエル人」という国民はおらず、「ユダヤ」という正規市民と「アラブ」という二級市民に分かれている。しかもそのユダヤ人は、世界じゅうからやってきたさまざまな系譜をもつひとびとの寄せ集めだ。こうしてサンドは、イスラエルという国家も、ユダヤという民族も、「ユダヤ人の国をつくる」というシオニズム運動のなかで創作された「神話」ではないかと疑うようになる。[53]

イスラエルの公式史学では、パレスティナ人はユダヤ人が父祖の地を追われたあと、周辺地域から移り住んだとされている。だが歴史文献のどこを調べても、そのような記録は見つからない。だがこの謎は、彼らがもともとそこに住んでいたと考えればかんたんに解ける。

パレスティナ人がイスラームに改宗した時期についてはふたつの説がある。ひとつは1012年で、ファーティマ朝第6代カリフのハーキムによって「改宗か、さもなくば土地を去れ」との命令が出されたというもの。もうひとつははるかに新しく、オスマン帝国統治下の1900年代前半に、「イスラエル奪還」のシオニズム運動を知ったスルタンが激高し、強制改宗の勅令を出したというものだ。[54] どちらが正しいかは別として、いずれの説も、「パレスティナ人とはイスラームに改宗したユダヤ人」だということを示している。

アラブ系ユダヤ人とパレスティナ人が遺伝的にきわめて近いことはDNA解析によってすでに明らかになっており、シーア派系の少数派でレバノンなどに住むドゥルーズ派と、シリア、イスラエル、アラビア半島東部を遊牧するベドウィン（バニ・ハリド）も同様にユダヤ人と遺伝的に近接している。[55] だがこれも、彼らはもともと同じ民族で、ユダヤ教にとどまったか、イスラームに改宗したかのちがいだと考えれば当然だ。

アラブ系ユダヤ人（IQ86）に比べてオリエント系ユダヤ人のIQは91と若干高いが、さまざまな地域の寄せ集めである彼らをひとつの集団として扱うのは無理がある。中東やインドに移住したヨーロッパ系ユダヤ人がオリエント系に分類されてIQの平均値を引き上げている可能性もある。

キリスト教の誕生とユダヤ人の知能

ヨーロッパ系のユダヤ人の知能だけが突出して高い理由には大きくふたつの説がある。ひとつは経済史家のマリステラ・ボッティチーニとツヴィ・エックスタインによるもので、紀元1世紀のラビ時代にまでさかのぼる。ローマによる第1回の神殿破壊（紀元

70年）のあと、ユダヤ教の主流はトーラー（モーセ五書）を重視するパリサイ人に移った。ユダヤ教徒の父親は6歳か7歳で息子を学校に通わせるよう命じられ、そこではトーラーとタルムード（ラビによる注釈集）が講じられた。

だが農民の父親たちは、貴重な労働力である息子を学校に通わせることは気が進まなかった。そこで彼らは、わけのわからない「教育」を強制しない簡易版のユダヤ教に積極的に改宗した。その新宗教は、イエスという名のユダヤ人を教祖としていた。――ボッティチーニとエックスタインは、紀元65年頃には５５０万人だったユダヤ教徒の数が、紀元６５０年にはキリスト教への改宗によって１２０万人に減ったと推計している。

その後、ユダヤ教の中心はイラクとペルシアに移り、アッバース朝カリフの時代には、ユダヤ人は都市で通商や商業活動に従事するようになった。なかには金貸しになった者もいたが、それは差別のせいではなく、大半が文盲な世界でほぼ全員が字を読むことのできたユダヤ人は、契約や簿記を必要とする職業で大きな優位性をもっていたからだ。[56]

これはたしかに魅力的な説ではあるものの、なぜアラブ系ユダヤ人のＩＱが中東の他の民族と変わらないのかをうまく説明できない。

差別から生まれた「高知能集団」

ヨーロッパ系ユダヤ人のIQが高いもうひとつの説明は物理学者出身のグレゴリー・コクランと集団遺伝学者の故ヘンリー・ハーペンディングによるもので、ヨーロッパにおける激しいユダヤ人差別（ポグロム）によって一部のユダヤ人（アシュケナージ）の知能が高まったとする。[57]

キリスト教世界の差別によって金融（金貸し）以外に生きていく術《すべ》がなくなったユダヤ人は、数学的知能（計算能力）に秀でていた方が有利なのだから、平均的なヨーロッパ系白人よりほんのすこし知能が高かっただろう。だがこれだけでは、短期間に知能が急激に高まる理由にはならない。ところがこれに虐殺と追放という極端な淘汰圧を加えると、集団内の遺伝分布の大きな偏りを説明できる。

ユダヤ人はもともと多産で、ポグロムで人口が急減したときでも、裕福なユダヤ人はそれをなんとか生き延びて平均より多くの子を産んだだろう。知能の高いユダヤ人は追放先でも真っ先に経済的に成功し、大家族をつくった。

DNA分析では、今日のアシュケナージ系ユダヤ人は中東の遺伝子をいまだに50％ちかく保有している。これは過去2000年間における混血率が1世代あたり1%未満であったことを示しており、ここまで同族婚が極端だと、有利な遺伝的変異は散逸することなく集団内に蓄積される。

仮に富裕なユダヤ人が平均より1ポイントだけ知能が高く、それによって平均的な親たちよりもより多くの子どもを残したとすると、IQの遺伝率を30%と控えめに見積もっても、40世代すなわち1000年後にはIQが12ポイント（およそ1標準偏差）増加する。

セファルディムはイスラーム統治時代のイベリア半島で暮らしていたが、彼らのIQは97でスペイン人（97・6）とほとんど変わらない。これはセファルディムがスペイン人と混血したか、ユダヤ教に改宗したスペイン人であることを示唆している。それに対してアシュケナージのIQはヨーロッパで110、アメリカで115とされている。アインシュタインやフォン・ノイマンなど現代史に名を残すユダヤ系の「天才」はほとんどがアシュケナージだ。

7世紀から10世紀までの約300年間にわたって、ハザールと呼ばれる国が黒海の北岸と東岸を支配した。文献では、ハザールの帝国は700年代中盤のどこかでユダヤ教を受容し、コンスタンティノープルやバグダードから、ハザールの貴族に信仰を説くためにユダヤの学者たちを呼び寄せたことがわかっている[58]。

ハザールの国はやがて森深い北部と河川沿いのステップ地帯にいたルーシの諸公国に圧迫され、900年代後半にはほとんど物理的な痕跡も残さず姿を消してしまう。故郷を失ったハザール人たちは流浪の民となり、ユダヤ教の教えを守りながらも北方ではスラヴ系と、西方(東欧)ではヨーロッパ系と交わった。この流浪の民がアシュケナージと呼ばれる東欧系ユダヤ人の祖先ではないかといわれている。

外見が白人に似ていても(あるいはそれだからこそ)、ユダヤ人はキリスト教世界ではげしい差別に晒された。そのなかでアシュケナージが生き延びるには、自分たちのささやかな優位性(識字率の高さ)にすがるしかなかった。そんな苦難を1000年間つづけた結果、多くの天才を生み出す「高知能集団」へと変貌していった。

ここで興味深いのは、アメリカのアシュケナージのIQ(115)が、ヨーロッパのアシュケナージ(110)より5ポイント高いことだ。その理由をリチャード・リンは、ナチスの迫害に気づいてアメリカに逃れることのできたユダヤ人は、ヨーロッパに取り残されたユダヤ人より裕福で知能が高かったからだとする。わずか80年ほど前の出来事で、集団のＩＱは５ポイントも変わるのだ。

バラモンの知能

シリコンバレーは知識社会の純化した形態で、人種、民族、国籍、宗教、性別、性的指向のちがいを問わず、世界じゅうから高い知能をもつ若者を集めてイノベーションを競わせている。シリコンバレーのベンチャー企業の創業者・経営幹部にアシュケナージが多いのは母集団の平均的な知能が高いからだが、次に目立つのはインド系だ（マイクロソフトＣＥＯ（最高経営責任者）のサティア・ナデラ、グーグルＣＥＯのサンダー・ピチャイなど）。

その理由としてインドの人口の多さが挙げられるが、これは正しくない。知能は正規分布するから、人口が多くても特定のカテゴリーの人数が増えるだけで分布が広がるわけではない。極端に知能の高い人物を生み出すには、その集団の知能の平均値が高くなくてはならない。

ところが国別のデータを見ると、インドのＩＱの平均は83しかない。だとすれば（イスラエルにおけるアシュケナージのように）、インドのなかにきわめて知能の高いサブグループがあると考えなくてはならない。

それはおそらくバラモン（ブラフミン）だろう。だがこの仮説を証明するのは容易ではない。

近代インドの成立でカースト制は廃止されたと思われているが、これは誤りだ。インド憲法17条は不可触民制の廃止とカーストによる差別を禁じているものの、カースト制そのものの撤廃を宣言しているわけではない。

インド独立を控えてさまざまな利害が対立した1930年代、ヒンドゥー主義者は「カーストを否定することはヒンドゥーそのものを否定することだ」と頑強に主張した。彼らによれば、「ヴァルナ（カースト）は差別ではなくたんなる分業形態」にすぎない。ムスリム勢力が東西パキスタンとして分離独立し、残されたインドを「ヒンドゥーの国」として統一するほかなくなったガーンディーは、彼らに譲歩するしかなかった。

その結果インド社会は、カーストによる差別は厳然とあるものの（だからこそさまざまなアファーマティブ・アクションが行なわれている）、その差別は建前上は存在しないという微妙な均衡の上に築かれることになった。そんな社会で、カースト別の知能の測定などできるわけがない。

ヨーロッパ人とインド人は同祖集団

独立後のインドでは、「インド人とは何者か?」が大きな問題になった。

ひとつの有力な説は、ヴェーダ神話にあるように、北からやってきたアーリアがドラヴィダ系の原住民を征服したというもの。この歴史観によると、バラモンなどの高位カーストは侵略者の末裔で、低位カーストや不可触民は征服された原住民の子孫ということになる。

だがこれが事実だとすると、インドはアメリカの黒人問題と同様の深刻な人種問題を抱えることになり、国が分裂してしまう。そこでヒンドゥー原理主義者などは、アーリアももとからインドに住んでおり、神話にあるような集団同士の争いはあったかもしれないが、それは外部世界からの侵略ではないと主張するようになった。

現代インド人のDNA解析は、この論争に決着をつけた。

インド人の遺伝子を調べると、アーリアに由来する北インド系と、インド亜大陸の内部に隔離されていた南インド系にはっきり分かれ、バラモンなど高位カーストは北インド系で、低位カーストや不可触民は南インド系だ。インダス文明が滅び『リグ・ヴェーダ』が編纂された4000〜3000年前に大規模な交雑があり、Y染色体（父系）とミトコンドリア染色体（母系）の解析から、北インド系の少数の男が南インド系の多くの女と子をつくっていることもわかった。

近年のヒンドゥー原理主義は、カーストが現在のような差別的な制度になったのはイギリスの植民地政策（分断して統治せよ）の罪で、古代インドではカーストはゆるやかな職業共同体で極端な族内婚は行なわれていなかったとも主張している。この仮説もDNA解析で検証されたが、それによると、ヴァイシャ（商人／庶民）階級では、2000〜3000年のあいだ族内婚を厳格に守って、自分たちのグループに他のグループの遺伝子を一切受け入れていないことが示された。ジャーティと呼ばれるカースト内の職業集団にもはっきりした遺伝的なちがいがあり、インドは多数の小さな集団で構成された「多人種国家」であることが明らかになった。

馬と車輪を手にしたステップのヤムナヤ遊牧民のうち、ヨーロッパ系とは別の集団は南へと向かい、現在のイランや北インドに移住した。彼らはその後「アーリア」と呼ばれるようになった。

このように西ヨーロッパ人と北インドのアーリア、イラン人は同じ起源をもつ同祖集団で、だからこそ同系統のインド＝ヨーロッパ語を話す。バラモンによって何千年も保持されてきた宗教もヤムナヤ由来で、ヨーロッパ文化の基層にはヒンドゥー（インド）的なものがある。[59]

バラモンはカースト制度の頂点に君臨し、サンスクリット語の文献解釈を独占した。現代インドでも、有名大学の学生やベンチャー企業の創業者、大学教員や大企業の幹部のほとんどがバラモン出身であることは公然の秘密だ。

インターネットではバラモンのＩＱを１１０程度と推計しているものもあるが、参照論文が示されているわけではなく、これが正しいかどうかを確認する方途はない。

言語的知能が低いと保守的になる？

アフリカを起源とするサピエンスは、ユーラシア大陸に広がるなかで、（おそらくは寒さに適応するために）高い知能を獲得していった。だが、集団ごとに異なる自然環境・社会環境に直面したことで、知能の分布には偏りが生じた。大陸系統では北ヨーロッパと東アジアのＩＱが高く、アシュケナージと（おそらくは）バラモンという高知能集団が存在する。

だがこれは、アフリカの黒人が「天性のリズム感」や「驚異的な身体能力」をもつのと同じことだ。音楽的才能や運動能力と同様に、認知能力も集団によって大なり小なり異なっている。問題なのは、産業革命以降の「知識社会化」によって、知能のわずかなちがいが増幅され、それが個人の運命を大きく左右するようになったことだ。

認知心理学では、政治的にリベラルなひとは保守的なひとに比べて知能が高いことが繰り返し確認されている。子どものときの知能で成人後の政治的立場を予測できるとか、政治的立場はある程度生得的に決まっているとの研究もある。これについては別の本で詳述したので繰り返さないが[60]、リベラルと保守を分けるのは言語的知能と新奇なものへの好みにある。

言語的知能が低いと（いわゆる口べただと）、世界を脅威として感じるようになる。なんらかのトラブルに巻き込まれたときに、自分の行動を相手にうまく説明できないからだ。

このことは、子ども時代に叱られた体験を思い浮かべればわかるだろう。悪ふざけをしたとき、大人は「なんでそんなことをしたのか？」と訊く。この問いに即座に納得のいく返事ができた子どもは許され、口ごもってしまう子どもは罰せられる。大人は子どもを道徳的に「教育」しようとしているのではなく、その行動を理解するための説明を求めている。なぜなら、理解できないものは不安だから。

こうした経験を子どもの頃から繰り返していると、言語的知能の高い子どもは見知らぬ他人との出会いを恐れなくなり（怒られても言い返せるから）、口下手な子どもは親族や友人の狭い交友関係から出ようとしなくなるだろう（自分の行動を説明する必要がないから）。

これが「リベラル」と「保守」の生得的基盤だとされているが、だとすれば、世界を恐れない（言語的知能の高い）子どもは、異人種の友だちや外国人との恋愛、留学、一人旅まで「新奇な体験」全般に興味を抱くようになるはずで、これが「ネオフィリア（新奇好み）」だ。それに対して世界を脅威と感じている（言語的知能の低い）子どもは、いつも同じ仲間とつるみ、知らない相手を遠ざける「ネオフォビア（新奇嫌い）」になるだろう。

これはヒトの性格で、どちらが正しくどちらがまちがっているということはないが、高度化した知識社会ではネオフィリア（リベラル）の方が社会的・経済的に成功しやすく、ネオフォビア（保守）はうまく適応できない。世界でもっとも知識社会化が進んだアメリカでは、東部（ニューヨーク、ボストン）や西海岸（サンフランシスコ、シリコンバレー、ロサンゼルス）の都市に裕福なエリートが集まり、民主党（リベラル）の牙城となる一方で、トランプ支持者はラストベルト（錆びついた地域）と呼ばれる中西部の荒廃した街に吹きだまっている。

あらゆる経済統計が示しているように、アメリカでは一部の富裕層に富が集中し急激に格差が拡大している。知識社会において、こうした富を手にしているのは、ウォール街やシリコンバレー、大学やマスメディアで働く知能の高いひとたちだ。そんな彼らが「リベラル派」として〝弱者〟の味方になり、トランプ支持者（知識社会の敗者）と対立するという皮肉な事態を私たちは目にしている。

知能の高い国はリベラルになる？

「知能の高い個人がリベラルになるように、知能の高い集団（国家）はリベラルになるのだろうか？」――この疑問を検証したのが、日系アメリカ人の進化心理学者サトシ・カナザワだ。[61]

カナザワはリチャード・リンの国別IQを使って、知能が社会のリベラル度とどの程度相関するかを統計解析した。リベラル度の指標として選んだのは、①限界税率と所得格差、②信仰心、③一夫多妻で、リベラルな国の方が高い税率を受け入れ、その結果として所得格差が小さく、世俗化が進んで宗教の影響は小さくなり、一夫一妻が徹底されて一夫多妻は忌避されると予想した。

結果は、IQと限界税率には明らかな正の相関が、所得格差には負の相関があった。国民のIQが1ポイント上がると限界税率は0・5%上がり、その結果、所得格差が縮まるのだ。

IQと信仰心には、明らかな負の相関があった。国民のIQが1ポイント上がると、「神を信じる」と回答する割合が2%ちかく下がる。それに対して経済成長や教育年数は、IQを調整すると信仰心に与える影響が消失した。

IQと一夫多妻にもはっきりとした負の相関があった。国民のIQが高いほど一夫一妻の社会になっていくことは誰でも予想できるが、ここで興味深いのは、IQ以外の要因の相関がきわめて小さいことだ。サハラ以南のアフリカは世界でもっとも一夫多妻の割合が高いが、文化・伝統などの地域性をもちださなくても、IQ（の低さ）だけでこの傾向は説明できる。イスラームも同様で、一夫多妻の割合の高さは、クルアーンに書かれているからではなく、ＩＱのほうがはるかに強い決定要因になる。
もちろんこれだけで、「ＩＱが高い国ほどリベラルになる」と決めつけることはできない。

社会的な男女格差の指標であるジェンダーギャップ指数（２０１７）では、アイスランド、ノルウェー、フィンランドなどＩＱの高い北ヨーロッパの国が上位に並んでいるが、４位はサブサハラのルワンダ、６位はラテンアメリカのニカラグア、10位は東南アジアのフィリピンだ。それに比べて、北ヨーロッパと同程度のＩＱの東アジアでは、中国が１００位、日本が１１４位、韓国が１１８位と世界最底辺にある。

消費税率の国際比較（２０１８年1月）を見ても、デンマーク、スウェーデン、ノルウェーの北欧諸国は25％でたしかにもっとも高いが、東アジアでは中国の17％が突出しているものの、韓国10％、日本８％、台湾５％とヨーロッパに比べてかなり低い。ＯＥＣＤ加盟35カ国の国民負担率の国際比較（２０１５年）でも、日本28位、韓国30位で、「ＩＱが高いと限界税率が高くなる」とはいえない。

このようにＩＱですべてが説明できるわけではないとしても、カナザワのデータはヨーロッパにはよく当てはまる。ギリシア、イタリア、スペインなど南欧からドイツ、フランスを経て北欧諸国に行くほどＩＱは高くなり、それにともなって男女の平等や子どもの権利、同性愛への寛容さ、動物愛護など、スティーブン・ピンカーのいう「権利革命」[62]が進んでいる証拠は数多くある。――同様に、北に行くほど経済成長率は高く、失業率は低くなる。

北ヨーロッパでも「右傾化」が進んでいるというかもしれないが、これは押し寄せる移民から社会保障制度を守ろうとする生活保守で、リベラルな価値観が放棄されたわけではない。同性婚や安楽死の合法化、大麻解禁など、「反移民」以外ではむしろリベラル化の趨勢《すうせい》は強まっている。

制度決定論は「空白の石版」

第二次世界大戦が終わると、ナチスの「優生学」のおぞましい結果に世界じゅうが震撼した。断種法により〝劣性〟な遺伝子をもつとされた40万人が強制的な断種手術を受け、安楽死プログラムでは、「重度の遺伝性および先天性疾患の科学的な登録」をされた「生きるに値しない命」25万人ちかくが安楽死させられた。スターリン独裁下の粛清やナチスの強制（絶滅）収容所などで600万人のユダヤ人、20万人のジプシー（ロマニー）、数百万人のソビエトおよびポーランド市民、同性愛者、知識人、作家、芸術家、反体制派が殺された。これは「ジェノサイド genocide」と呼ばれるようになるが、「遺伝子 gene」と共通の語源をもつのは偶然ではない。[63]

ホロコーストの「人類史的悲劇」を経たあとでは、もはや何者も優生学を弁護することはできない。身体的特徴は遺伝しても、知能や性格、精神疾患などの「こころ」は遺伝してはならないというドグマがこうして生まれた。

そこから半世紀の論争を経て、行動遺伝学や進化心理学が膨大なエビデンスをもとに「こころ」もまた（ある程度）遺伝することを科学的に証明した。

ここまでは多くのひとが同意するだろうが、それを集団に拡大し、「地域によって経済発展の度合いが異なるのには遺伝的な背景がある」という遺伝と文化の共進化論はいまも「差別」のレッテルを貼られたままだ。

しかしそうなると、遺伝をいっさい考慮しない「空白の石版」理論で世界の発展のちがいを説明しなくてはならない。

そのもっとも有名な試みがジャレド・ダイアモンドの世界的ベストセラー『銃・病原菌・鉄』で、「横に長いユーラシア大陸と、縦に長いアフリカ大陸、南北アメリカ大陸の地理的なちがい」というエレガントな説を提示した。農業は人類史を画する革命だが、このイノベーションは同程度の緯度の地域にしか広まらない。アフリカ南部もヨーロッパと同じ農業を営む条件は揃っているが、知識や技術はサハラ砂漠や熱帯のジャングルを越えることができなかった。

だがさらに考えてみると、大陸ごとに知識・技術の伝播《でんぱ》のちがいが生じるのは地形が人の移動を制限するからだろう。ダイアモンドは「人種などというものは存在しない」と断言するが、皮肉なことにその主張は「孤立した集団（大陸系統）ごとに遺伝子頻度の偏りが生じる」という遺伝と文化の共進化論を補強している。

アメリカの経済学者ダロン・アセモグルとジェイムズ・A・ロビンソンは、「経済発展できるかどうかは制度によって決まる」と主張した[64]。だがこれは一種の循環論法で、社会が繁栄するためにはよい制度が必要で、よい制度をもった社会が繁栄するとしても、その制度をもつかもたないかがどこで決まるのか説明できない。

韓国と北朝鮮は人種的には同一で、文化や歴史もほとんど変わらないが、いまや一方は先進国の仲間入りを果たし、もう一方は世界の最貧国だ。なぜこのような大きな差が生じたかは、歴史的な偶然（民族分断の悲劇）によって異なる制度をもつようになったことからしか説明できない――これはきわめて説得力のある論理だが、問題はこうしたケース（旧西ドイツと旧東ドイツも同じ）を地球全体にそのまま拡張できるのか、ということにある。

わずか数十年で世界第2位の経済大国に成長した中国は共産党独裁で、貧困に喘《あえ》ぐアフリカの国々の多くは（まがりなりにも）民主国家だ。制度論をそのまま当てはめれば、「新興国では民主政より開発独裁のほうがゆたかになれる」ということになる。だとしたら先進国は、アフリカへの援助などやめて独裁国家になるよう促せばいいのだろうか。――リーマンショック後に一部の経済学者が唱えた「北京コンセンサス（政府主導の中国型経済発展）」論はこれにきわめて近い。

なぜこのようなことになるのか。それは、制度とともに国家の経済発展に大きな影響を与える要因を無視しているからだ。個人の発達を「生まれつきすべて決まっている」とする遺伝決定論が誤りなのはいうまでもないが、環境決定論（空白の石版）も同様に荒唐無稽だ。国家の発展もこれと同じで、「制度決定論」では説明できない。すくなくとも現在のところ、「遺伝と文化の共進化」を否定するだけの論拠は示されていない。

5 「自己家畜化」という革命

1492年10月、陸地を離れ大西洋を西に進むという冒険に挑んだコロンブスは、苦難に満ちた航海の末に陸地を発見した。彼はこれをインドだと信じたが、じつはカリブ海の島で、その後イスパニョーラ（スペイン）島と呼ばれるようになる。キューバの次に大きな島だが、この名があまり知られていないのは、植民地時代に分割され、西の旧フランス領がハイチ、東の旧スペイン領がドミニカ共和国として独立したからだ。

第二次世界大戦後の混乱のなか、海外からの帰還者で人口が増えすぎることを憂慮した日本政府は移民政策を採り、ブラジル、ボリビア、パラグアイなど南米諸国に農業移民を送り出した。ドミニカもそのひとつで、1956年から59年にかけて政府の募集に応じた1319人の日本人が移住した。

ドミニカ移民の多くは鹿児島の農村出身で、日本政府から農業に適した肥沃《ひよく》な土地が与えられると約束されたものの、実際に連れていかれたのは岩だらけの荒地や作物の生えない塩害の土地で、隣国ハイチからの越境者を防ぐための入植が目的だった。絶望した移民たちが抗議の声をあげたことで、あわてた日本政府は旅費を立て替えて帰国や南米への転住を認め、約8割がドミニカを去った。これが日本国の「棄民《きみん》政策」として国家賠償請求訴訟に至るのだが、その詳細は本書の手に余る。[65]

成功した日本人移民

2016年9月、旅行でドミニカを訪れた際、日本人移民一世の方々から話を聞く機会を得た。[66] 親に連れられて幼少時に海を渡り、貧しさやひもじさを乗り越えて、ドミニカ社会で経済的な成功を手にしたひとたちだ。

1人はドミニカの大学で物理学を講じて引退し、もう1人は夫婦で小さな宝石店を経営していた。それぞれの人生の物語も興味深かったのだが、より強い印象が残ったのは彼らの子どもたちの経歴だ。

元大学教師の長男はニューヨークのヘッジファンドマネージャー、長女は英仏西日の四カ国語を話す国連の高級職員だという。宝石商にも2人の子どもがおり、長男はアメリカに留学して医学部を出たあと、そのままアメリカの病院で医師をしており、二男は建築家になっていまはスペインで暮らしているという話だった。

言葉は悪いが、ドミニカへの移民の勧誘に応じたのは鹿児島の農家の二男や三男とその伴侶で、高い学歴や知能で選抜されたわけではない。私が会ったのはドミニカのなかでも成功した日本人であることはまちがいないが、現地に残ったのは当初の1300人の移民の2割、300人にも満たない。鹿児島の農村部で、あるいは都市部を加えても、子どもがヘッジファンドマネージャーや国連のエリート職員、アメリカの病院の医師やスペイン在住の建築家になった家がどれほどあるだろうか。

日本からの移民はドミニカ社会の最貧困層で、言葉もわからず、家柄や財産はもちろん耕す土地すらなく、成功するための要素はなにひとつもっていなかった。ではいったい何が、彼らの子どもたちの目覚ましい経歴につながったのだろうか。

じつは、日本人移民の子どもたちにはたったひとつだけ、ライバルである地元の子どもたちより有利なものがあった。それは、東アジア系としての平均的に高い知能だ。

生き延びるために賭けるもの

極貧から経済的な成功を手にしていく日本人移民の子どもたちの物語はよく似ている。

彼らの親には子どもを学校に通わせる経済的な余裕はなかったが、スペイン植民地時代から敬虔《けいけん》なカトリック国であるドミニカにはどんな僻地《へきち》にも教会があり、神父が聖書の物語とかんたんな読み書きを教えていた。家の仕事を手伝う合間に、日本人の子どもたちも近くの教会に通うことができた。

在野の発達心理学者ジュディス・リッチ・ハリスは、子どもは自分の属する集団をグループ間の争いに勝たせる「部族闘争」と、友だち集団のなかで自分を目立たせる「個人競争」の複雑なゲームをしていると考えた。人類がその大半を生きてきた旧石器時代には、部族闘争に負ければ皆殺しにされるほかなかったが、だからといって集団内でリーダーに追従しているだけでは子孫を残すことができない。

ドミニカに移民した日本人の子どもたちは、極貧で栄養状態も悪かったから身体も大きくないし、力も強くなかっただろう。ヨーロッパ系や白人との混血が上位とされる社会では、容姿も不利になったにちがいない。だがそんな子どもたちも、必死に「友だちとちがうもの」を探したはずだ。

そんなとき、かんたんな数の計算や聖書の暗唱などで、自分のほうがほんのすこしうまくできることに気づいたとしよう。だとすれば、このわずかな遺伝的ちがいに、生き延びるためのすべての可能性を賭けようと（無意識に）思わないだろうか。

元大学教師の場合は、教会の牧師がその能力に気づいて、進学させるよう親を説得してくれた。中学を卒業すると留学制度で日本の専門学校に入学し、働きながら貯めたお金と奨学金でドミニカの大学を卒業して教職の資格を得た。ほかの日本人移民も、教会や小学校で目をかけられて進学への道を切り開いていったのは同じだという。

彼らの子どもたちも、生活はすこしは楽になったとしても、ドミニカの学校で似たような体験をしたにちがいない。そして、自分を友だち集団のなかで目立たせるには勉強しかないと（無意識に）気づいた。

こうして鹿児島の貧農の家庭から、わずか二世代で目もくらむような経歴の子どもたちが現われたのではないだろうか。

日本にはなぜ華僑財閥がないのか？

近年は「日本史ブーム」だというが、これまで歴史学者が（おそらく）考えたことのない問いがある。それは、「日本にはなぜ華僑財閥がないのか」だ。

中国と接する韓国も同じで、小さな中華街はあるものの、サムスングループなどグローバルな財閥はどれも韓国人が創業者だ。金王朝の独裁によって経済発展が大きく遅れた北朝鮮ですら、中国系が経済を牛耳っているという話は聞かない。

それに対して、タイ、インドネシア、マレーシア、フィリピンなど東南アジア諸国はどこも華僑財閥が経済を支配している。マレーシアでは「ブミプトラ（土地の子）」という露骨なマレー人優遇策が行なわれ、インドネシアでは反華僑の暴動や虐殺が起きた。華僑は「闇のネットワーク」で権力とつながり、不正をほしいままにしていると批判されている。

だがもとを辿れば、華僑は福建省や広東省の貧農や、中国のなかできびしい差別にさらされてきた客家の子孫で、（科挙に合格した）士大夫を頂点とする中国の知識社会の最底辺に位置していた。

もうおわかりのように、これはドミニカの日本人移民と同じ話だ。東南アジア社会で生き延びなくてはならなかった極貧の中国人の子どもたちは、現地の友だち集団のなかで優位なものをなにももっていなかった――唯一、東アジア系の高い知能を除いては。

そんな子どもたちが、生き延びるために、遺伝的なわずかなちがいに自らの可能性のすべてを賭けた。そう考えれば、数世代で巨大財閥をつくりあげたとしても不思議はないだろう。

「闇の華僑ネットワーク」という陰謀論では、地理的にも文化的にももっとも近接した日本や朝鮮半島（ベトナムも含まれるかもしれない）が真っ先に経済侵略の標的にならなかった理由を説明できない。だが、遺伝的なわずかなちがいが成長とともに増幅されていくというジュディス・ハリスの集団社会化論なら、この謎をかんたんに解くことができる。

華僑は、知能の優位性のある地域でしか財閥をつくることができない。東アジア系の国はＩＱが同じなので、経済的成功のための条件がない。だから、日本には華僑財閥が存在しないのだ。

「遺伝決定論」を否定したヒトラー

若き日のアドルフ・ヒトラーは中学を中退し、父親の遺族年金を頼りにウィーンにやってきた。ワーグナーのオペラに熱狂し、画家や建築家になる夢を描くが、憧《あこが》れていた美術学校に落第したあと、さまざまな職を転々としながら社会の最底辺に落ちぶれていく。

ヒトラーの自伝でもあり、ナチズムのプロパガンダでもある『わが闘争』には、当時の心境が赤裸々に描かれている。

ヒトラーが育った南ドイツの田舎町にはユダヤ人はほとんどおらず、無口なユダヤ人の同級生を見てむしろその境遇に同情したという。しかしあるとき、ウィーンの町でカフタン（黒の長上着）姿を見かけて驚愕する。彼の故郷には、そのような奇妙な格好をしたユダヤ人はいなかったからだ。

それからヒトラーは、新聞や政治パンフレットなどをむさぼり読むようになる。まず、下劣きわまりないと考える演劇の作者を調べた。するとそのほとんどがユダヤ人だった。次にオーストリアで発行されている大新聞の編集者を調べると、これもユダヤ人だった。

こうしてヒトラーは、すこしずつ不安になっていく。

当時のヨーロッパではマルクス主義が大きな影響力をもっていて、オーストリアでは社会民主党が労働者の大規模なデモを組織していた。ヒトラーは、この政治運動はいったい誰が動かしているのかを知ろうとする。『わが闘争』のなかから有名な一節を引用しよう。

そこでわたしは我慢してこの種のマルクシズムの新聞記事を読もうとしたが、それに応じて嫌悪感が無限に大きくなってくるので、今度はこの総括的な悪事製造者をもっとくわしく知ろうとした。

発行人をはじめとして、みんなユダヤ人だった。

わたしはどうにか手に入る社会民主党のパンフレットを買って、その編集者の名前をしらべた。ユダヤ人だった。わたしはほとんどすべての指導者の名前に注意した。議会の代議士を問題にしても、労働組合の書記を問題にしても、また組織の議長、街頭の扇動者を問題にしてみても、そのほとんど大部分が、同様に「選ばれた民族（ユダヤ人のこと――引用者註）」に属しているものたちであった。[67]

こうしてヒトラーは、マルクス主義とはユダヤ人が世界を征服するための陰謀だという「真実」を発見することになる。

だがいまや、ヒトラーがどこでまちがえたのかは明らかだ。

ユダヤ人（アシュケナージ）がヨーロッパ系白人より1標準偏差ちかくも高い知能をもっているならば、金融業のような計算能力を必要とする仕事で経済的に成功するだけでなく、文学や演劇、ジャーナリズムなど高い言語的知能が要求される分野でも成功するはずだ。政治活動も同じで、政治的主張を理路整然と展開して政敵を論破し、大衆のこころに訴えるアジテーションをするにはきわめて高い論理的知能と言語的知能が不可欠だ（マルクス、レーニンを想起されたい）。

ナチスが「優生学」によってホロコーストを引き起こしたことから、「遺伝決定論」は忌み嫌われている。だが皮肉なことに、ヒトラーが「ユダヤ陰謀論」を信じ込んだのは、ユダヤ人が生得的に高い知能をもっているという「遺伝決定論」を否定したからなのだ。

弥生人の〝ジェノサイド〟

日本人の知能はなぜ、中国人や韓国人と同じなのか。その答えはものすごく単純で、中国人、日本人、韓国・朝鮮人はもともと同じ大陸系統だからだ。

近年の遺伝学や分子生物学の急速な進歩によって、DNAの解析からヒトの出自や系譜をかなり正確に推定できるようになった。それによれば、日本人の祖先はすくなくとも4万年前には、ユーラシア大陸からサハリン経由で陸続きだった北海道に渡ってきた。

彼らは温暖な気候を求めて日本列島を南下し、関東や東海地方に後期旧石器時代の多くの遺跡を残し、約1万６０００年前に土器をつくるようになって縄文時代に移行した。

一方、朝鮮半島南部では紀元前４０００年頃から漁撈・採集とともにキビやアワなどが栽培されはじめ、紀元前15〜前13世紀に中国北部から青銅器をもつひとびとが南下して、前11世紀頃から本格的な稲作が始まった。紀元前4世紀に、中国の戦国時代の混乱で中原（黄河流域）で大量の難民が発生し、その一部が鴨緑江《おうりょくこう》を超えて朝鮮半島に押し寄せたため、南部で暮らしていた稲作民が押し出されるように海を渡り、九州北部に移住して「弥生人」になったというのがこれまでの通説だった。

だが２００３年に国立歴史民俗博物館の研究チームがＡＭＳ炭素14年代測定という手法で土器などを分析し、通説より５００年以上さかのぼる紀元前10世紀に日本列島で稲作が始まったと発表した。

この新説によれば、縄文時代末期から朝鮮半島と九州北部には交流があり、紀元前8世紀には九州東部・中部でも稲作が本格的に行なわれ、前7世紀には近畿、前6世紀には四国や奈良盆地、伊勢湾沿岸にも広まったとされる。[68]

近年のＤＮＡ解析によれば、ヤマト人（現代日本人）は大陸由来の弥生人と土着の縄文人の混血であることがわかっている（二重構造説）。地域によって異なるが縄文人のDNAの割合は平均して14〜20％程度で、アイヌ人とオキナワ（琉球）人は弥生系との混血の度合いが少ない。またゲノム全体を比較すると、ヤマト人、アイヌ人、オキナワ人にもっとも近縁なのは地理的に近接した韓国人で、これら4つの人類集団は統計的に100％の確率でひとつのグループに入る。上海・北京の漢民族との遺伝的違いは、ヤマト人と韓国人の遺伝的違いのおよそ3倍程度だ。

縄文時代・弥生時代は新たな分析手法の登場によってこれまでの通説が書き換えられつつあるが、石器と土器で狩猟採集生活をしていた縄文人の世界に現われた青銅器の武器をもつ弥生人は、現代から戦国時代にタイムスリップした『戦国自衛隊』（半村良）のようなものだったはずだ。

近年のDNA解析では、日本列島の人口が3000〜4000年前に急減している可能性が示されている。縄文時代の人口は最盛期で約30万人とされるが、それが約8万人まで減っているというのだ。[69]

『古事記』や『日本書紀』では、天津神（天下った神）による国津神（土着の神）の征伐が繰り返し描かれている。それがどのようなものだったかは、古今東西の歴史を見れば想像に難くない。弥生人の〝ジェノサイド〟によって縄文人の男は皆殺しにされ、女は犯されて混血が進んだのだ。――こうした仮説を不快に思うひともいるだろうが、人類史のなかで日本列島の住人だけが「平和主義者」で、弥生人は穏便に縄文人の生活圏に入植し、ともに仲良く暮らし愛し合ったなどという〝お話〟よりずっと説得力があるのではないだろうか。

「下戸遺伝子」でわかる弥生と縄文の遺伝分布

DNA分析によって、黄河流域の中国北部と、長江から東南アジアにかけての中国南部では、同じ「中国人」でも遺伝子の型がちがうこともわかった。これは中国南部のひとびとが、もともとは東南アジアを起源とする異なる人種で、彼らが漢字と儒教を受け入れることで中華文明に同化したことを示している。広東語や福建語、上海語は普通話(北京語)の方言ではなく、文法からまったく異なるが、これは中原から南へと文化が伝播・変容したのではなく、南に住む異民族が漢字を受け入れながらも、自分たちの言葉を手放さなかったからだ。

日本列島に彼らのDNAが伝わっていることは、お酒を飲めないひとの分布から確認できる。

体質的にアルコールをまったく受けつけないタイプは「下戸《げこ》」と呼ばれ、日本では珍しくないが、じつはヨーロッパやアフリカ、アメリカ大陸にはほとんどいない。これは医学的には、遺伝的変異によってアセトアルデヒドを酢酸に分解できないからだが、この変異型には顕著な地域差がある。

これを「下戸遺伝子」と呼ぶなら、中国南部に多く、そこから離れるにつれて保有率が下がっていく。北京では宴会で度数の強い白酒《パイチュウ》を一気飲みし、南に下るに従って度数の低い紹興酒が好まれるようになるが、これは文化的なちがいというよりアルコールに対する遺伝的な耐性によってもたらされたものだ。

下戸遺伝子の保有率は中国南部の23・1%に対し、北部では15・1%と大きく下がる。ところが日本人の保有比率は23・9%と中国南部と並んでもっとも高い。

さらに日本国内でも保有率に顕著な地域差があり、近畿地方を中心とした本州中部に多く、東北と南九州、四国の太平洋側で少ない。

これは弥生人のなかに中国南部を起源とする下戸遺伝子をもつ者が多く、それが（野生型の遺伝子をもつ）縄文人と混血したからだろう。これが日本の酒文化にも影響を与え、縄文人の遺伝子の影響が強く残る地域で強い酒が好まれるようになった[70]。

明治維新以降、西欧以外で日本だけがなぜ近代化に成功できたかが大きな謎とされ、「日本人は特別だ」という自尊感情が生まれたが、これが誤りであることはいまでは明らかだ。日本の旧植民地である韓国、台湾だけでなく、香港やシンガポール、そして中国本土までが爆発的な経済成長を実現したからだ。

日本の一足早い近代化は地理的・歴史的・文化的な偶然（幸運）によるもので、条件が整えば他の東アジア諸国でも同じことが可能だった。なぜなら、東アジア系はどこも同じように知能が高いから。

「日本人の起源」では縄文人と弥生人、ヤマト人とアイヌ人、オキナワ人の遺伝的なちがいが研究され、近年では日本人と中国人、韓国・朝鮮人が遺伝的にどれほど異なっているかが（一部で）強調されるようになった。だがDNA解析が示すのは、東アジア系は混血が進んでおり、遺伝的にとてもよく似ているということだ。日本人だからといって、あるいは中国人、韓国・朝鮮人だからといって、「特別」なところはなにもないのだ。

アメリカ社会でもっとも成功したアジア系移民

アメリカ社会において、日系・中国系・韓国系など東アジア系の移民が経済的な成功を収めていることは数字によって明らかだ。

２０１６年の世帯年収調査では、アメリカ人の平均世帯年収５万９０２９ドル（約６５０万円）を１００とすれば、白人１１０、黒人67、ヒスパニック81に対し、アジア系は１３８で、アメリカ人の平均より約４割、白人と比べても25％も高い。白人の世帯年収は６万５０４１ドル（約７１５万円）だが、アジア系は８万１４３１ドル（約８９６万円）にもなるのだ[71]。

アメリカにおいてこうした統計がとられるのは、知能テストと同じく、「人種による差別のない社会」をつくるためだ。黒人の世帯年収は平均の７割以下、白人と比べれば６割しかないが、これは法的には平等になったものの暗黙の差別が残っているからだとされる。だからこそ人種間の経済格差がなくなるまで、マイノリティに対するアファーマティブ・アクション（積極的差別是正措置）をつづけなくてはならない。——リベラルの理屈ではこうなる。

ところでここで、「同じアメリカ社会のマイノリティ（少数民族）なのに、なぜアジア系の世帯年収はこんなに高いのか？」と疑問に思わないだろうか。黒人がアメリカ社会で差別されてきたのはまちがいないとしても、日系アメリカ人も第二次世界大戦中は「敵性民族」として全財産を没収され強制収容所に閉じ込められた。終戦直後の社会的・経済的地位は、日系人より黒人の方がはるかに恵まれていた。ところがそれから70年たつと、日系人（アジア系）の世帯年収は黒人の2倍にもなったのだ。

こうした疑問を抱くこと自体を「人種差別」と感じるかもしれないが、これを最初に指摘したのは「黒人保守派」と呼ばれる知識人たちだ。

シカゴ大学大学院でミルトン・フリードマンに師事し、コーネル大学教授やフーバー研究所の上席フェローを歴任したトマス・ソーウェルは数少ない黒人の経済学者だが、「日系アメリカ人が経済的に成功したのは〝特別扱い〟されなかったからだ」と主張して大論争を巻き起こした。ソーウェルによれば、黒人は過去の奴隷制の歴史を盾に進学や就学で「特権」を手に入れたことで堕落し、「負け犬の文化」を身につけたために、アメリカ社会の最下層に甘んじることになった。現在の逆境から抜け出そうと思うなら、すべての「特権」を返上し、（日系アメリカ人と同様に）公平な条件で競争し富を獲得していかなくてはならないのだ。[72]

――とはいえ、アメリカ社会が抱えるやっかいな問題にこれ以上立ち入ることは本題ではない。

ここでの疑問は、アジア系の世帯年収はなぜ白人より25％も高いのか、ということだ。アジア系と白人の知能はほとんど変わらないのだから、そこにはなにか別の要因があるはずなのだ。

アファーマティブ・アクションで「差別」されるアジア系

カリフォルニア州、シリコンバレーにあるクパチーノはアップル本社の所在地として知られる。２０１２年、『ウォールストリート・ジャーナル』に「またしても白人居住者の脱出」という記事が掲載されたことでちょっとした話題になった。このゆたかな町から白人の家族が続々と脱出しているのだという。

クパチーノにはＩＴ企業で働く中国系の家族が流入し、高校によっては8割ちかくがアジア系というところもある（そのため中国語のホームページもつくっている）。これだけなら「人種問題」に思えるが、白人が逃げ出す理由は中国系の隣人を嫌ったからではない。彼らが恐れるのは、地域の学校の成績が高すぎることだ。

アイビーリーグの大学に多くの卒業生を送り込むクパチーノのハイスクールでは、SAT（大学進学適性試験）の平均点が全米平均より27％も高い。一般生徒がこれほど優秀だと、白人の親たちはわが子が勉強についていけなくなることを心配するようになるのだ。

アジア系アメリカ人はアメリカの人口の5％程度に過ぎないが、スタンフォード、コロンビア、コーネルなどのエリート大学では学生数の4分の1を占める。しかもこれは、アファーマティブ・アクションによる得点調整をされたあとの結果だ。

2018年8月、アメリカ司法省はハーバード大学の入学選考でアジア系の学生が不当に排除されているとの意見書を提出した。

ハーバード大が2013年に行なった学内調査では、学業成績だけならアジア系の割合は全入学者の43％になるが、他の評価を加えたことで19％まで下がった。また2009年の調査では、アジア系の学生がハーバードのような名門校に合格するには、2400点満点のSATで白人より140点、ヒスパニックより270点、黒人より450点高い点数を取る必要があるとされる。

米司法省の意見書は、「公平な入学選考を求める学生たち（SFA）」というNPO団体が、ハーバード大を相手取って2014年にボストンの連邦地裁に起こした訴訟のために提出されたもので、同団体は白人保守派の活動家が代表を務めている。こうした背景から意見書は、白人に対する「逆差別」だとして保守派が嫌悪するアファーマティブ・アクション撤廃に向けての布石ともいわれている[73]。

アジア系は内向型人間

アメリカの大学で白人学生が外向的なのに対し、日本からの留学生が内向的で授業中もほとんど発言しないことが、日米の文化のちがいとしてしばしば指摘される。だがこれは、日本人にかぎったことではない。「内向性」は、中国系や韓国系など東アジア系の学生にも共通する傾向だ。

ハーバード大学ロースクールを卒業してウォール街の弁護士になったあと、ライターに転じたスーザン・ケインは、アメリカ社会はなぜこれほど「積極的」で「外向的」であることが求められるのか疑問に思い、『Quiet（ものしずか）』という本を書いた（邦題は『内向型人間の時代』）。ケイン自身が内向的な性格で、子どもの頃からずっと「もっと積極的になりなさい」という圧力に苦しんできたからだ[74]。

ケインは、自分の同類を東アジア系のなかに次々と見つけた。クパチーノの高校から東部の名門大学に進学することが決まっている中国系の女子生徒は、ケインにこう不安を打ち明けた。

「私はすごく静かなタイプ。パーティはあんまり好きじゃないし、社交的でもないの。向こうではみんなとても積極的みたい。私はずいぶん異質な気がするわ。向こうで友達ができるかどうか心配なくらいよ」

クパチーノに住む中国系の母親の一人は、ＵＣＬＡの大学院で学んだときの体験を語った。

「教室で、私は静かな学生だった。なのにＵＣＬＡでは、教授は開口一番『さあ、ディスカッションだ！』と言うの。みんながくだらないことを延々と話しているのを私はじっと見ていた。教授はすごく忍耐強くて、みんなの話を熱心に聴いていたわ」

ディスカッションに参加しないアジア系の学生はアメリカの大学で問題になり、授業中の積極性を成績評価の一部にすると決めた教授も現われた。それが新聞に報じられると、インターネットには「アジア系アメリカ人は沈黙のせいで踏みつけにされるのを許してはならない」との投稿が寄せられた。

東アジア系の学生が内向的なのは「儒教文化」の影響とされるが、これは説得力があるとはいえない。儒教の受容は国によって異なるし、現代日本で儒教的な子育てをしている親はごく少数だろう。

行動遺伝学では、「外向的／内向的」のような性格の遺伝率はおよそ5割とされている。遺伝率が8割にちかい知能よりは低いものの、内向性も親から遺伝するのだ。——ちなみに残りの半分は、「子育て（共有環境）」ではなくやはり「友だち関係（非共有環境）」だ。

ペットになったキツネ

旧ソ連の遺伝学者ドミトリ・ベリャーエフはスターリン統治下の1948年、「環境因子が形質の変化を引き起こし、その獲得形質が遺伝する」というルイセンコの学説に反対したことを理由に降格され、シベリアの研究施設に送られた。そこでベリャーエフは、メンデル遺伝学の正しさを証明するため、人間になつかないキツネ（ギンキツネ）のなかからおとなしい個体を選んで繁殖する実験を行なった。

その結果は驚くべきものだった。わずか数世代でキツネの個体群はより従順になり、9世代が過ぎると、何頭かの子ギツネにまったく新しい特徴が現われはじめた。それはイヌをオオカミから区別する特徴とほぼ同じで、頭部と胸部に白い斑点が現われ、顎や歯は小さくなり、まっすぐだった尾はカールした。そして30世代が経過する頃には、ヒトになつくことはないとされていた野生のキツネはペットにできるほど従順になった。[75]

ヒトはオオカミを飼いならし、18世紀以降の品種改良によってわずか数百年でセントバーナードからチワワまで、（イヌの本性を維持しつつも）外見も気質も大きく異なるさまざまな犬種をつくりだした。ある特殊な条件の下では、進化はきわめて短期間で起きるのだ。

ベリャーエフの実験は、同様の淘汰圧がヒトの集団に加わった場合、オオカミがイヌになるように、異なる外見や性格の個体に「進化」する可能性を示している。もちろん、育種のような極端なことが繰り返しヒトに起こったとはいえない。しかしその期間が数千年だったらどうだろうか。

キツネの品種改良を人間に当てはめるのは突飛に思えるが、じつはＤＲＤ４（ドーパミン受容体Ｄ４）遺伝子の７Ｒ（７リピート）対立遺伝子で興味深い事実がわかっている。この遺伝子はADHD（注意欠陥・多動性障害）に関係し、落ち着きのない衝動的な振る舞いや注意散漫などを引き起こすとされている。欧米をはじめ世界各地でこの遺伝子の遺伝的多型がかなりの頻度で見られるが、東アジアではほとんど存在していないのだ。

中国では、7R対立遺伝子と同類の対立遺伝子がかなり一般的なのに、ADHDを引き起こす7R対立遺伝子だけがきわめて稀だ。自然状態でこのようなことが起こるとは考えられないから、中国社会では7R対立遺伝子をもつ者は人為的に徹底して排除された可能性がある。[76]

ヒトもまた、ベリャーエフのキツネと同様に「家畜化」されているのかもしれないのだ。

石槍という「大量破壊兵器」

「ヒトの家畜化」というと、宗教の一種ではないかと疑うひともいるだろう。ヒトがイヌやウシ、ブタなどを家畜化してきたのと同様に、何者かがヒトを家畜化したとしたら、それは神ではないだろうか。

だが「現代の進化論」は、超越者を介在させずにヒトの家畜化を説明する。なぜなら、ヒトがヒトを家畜化してきたから。これが「自己家畜化」だ。

進化心理学者のマーティン・デイリーはヒトの暴力性について研究するうちに、チンパンジーなど他の霊長類と比べても、ヒトは暴力を抑制するよう進化してきたのではないかと考えるようになった。この発想をさらに進めたのが、文化人類学者のクリストファー・ボームで、『Hierarchy in the Forest（森のなかのヒエラルキー）』で、旧石器時代にヒトの暴力性は大きく変化したという刺激的な議論を提起した。[77]

石の先端を鋭利に尖らせ、長い棒の先にくくりつけた石槍は旧石器時代の遺跡から大量に見つかっている。こうした打製石器の多くは、ヒト（サピエンス）の祖先であるホモ・ハビリスやホモ・エレクトスの時代（約250万年前の更新世）に人類が「狩られる側」から「狩る側」に転じ、マンモスなどの大型獣の狩猟のために発明されたとされている。

これはもちろんまちがいではないが、ボームはそれ以外にも石槍が人類に大きな影響を与えたはずだと考えた。

チンパンジーはアルファオス（ボスザル）を頂点とする階層社会をつくるが、その頂点に立つのは常に身体が大きくちからの強いオスだ。人類にもこうした傾向は受け継がれていて、身体の大きい男性は女性に好まれ、(アメリカでは)大企業のCEOの身長は平均よりかなり高い。だがこれにはいくらでも例外があり、身体的に恵まれていなくても権謀術数でのし上がっていく物語は古今東西いくらでもある。

霊長類学者のフランス・ドゥ・ヴァールが『政治をするサル』で世界じゅうを驚かせたように、高い知能をもつチンパンジーは政治家並みの権力闘争をする(政治家が「チンパンジー並み」ともいえる)。だがそれも屈強なオスが複数いる場合で、ひ弱なオスや、ましてやメスがヒエラルキーの頂点に立つようなことはない。

なぜ人類は、身体的な強さが権力と直結しないように進化したのだろうか。

ボームの慧眼は、石槍は獲物を倒したり外敵と戦うときのためだけに役立つのではないと気づいたことだ。いまならオモチャにしか思えないかもしれないが、打製石器は人類の歴史では大量破壊兵器に匹敵するイノベーションだった。ひとたびそれを手にすれば、ひ弱な人間も集団でマンモスをしとめることができる。だとすれば、共同体のなかのひ弱なメンバーが身体の大きなボスを殺すのはもっとかんたんだったはずだ。

こうして旧石器時代の人類は、共同体の全員が大量破壊兵器(打製石器)を保有し、

「いつでも好きな時に気に入らない相手を殺すことができる」社会で生き延びなければならなくなった。

道徳の起源は相互監視

旧石器時代でも身体が大きいことは共同体のリーダーになるのに有利だっただろうが、彼はもはや絶対的な権力を行使できるわけではない。集団内の不満が高まれば、槍を手にした者たちにいつ殺されるかわからないからだ。

文化人類学者は、文明社会とは隔絶した地域で狩猟採集生活をつづける伝統的社会をフィールドワークし、それが例外なく「平等」であることを発見した。ここから、人間の本性はもともと平等主義的であり、それが農耕社会（あるいは文明化や資本主義、グローバリズム）によって歪められたのだという（リベラルな）主張が生まれた。

これは一見もっともらしいが、進化の観点からは、人類がなぜ平等主義的な本性をもつようになったのかが説明できない。生存と生殖を最優先しないような個体は子孫を残すことができない。だとしたら、「神」がヒトをリベラルになるようにお創りになったのだろうか。

だがボームの「自己家畜化」論なら、進化論（科学）の枠組みのなかでこの謎を解くことができる。旧石器時代以降の人類社会のリーダーは、仲間を平等に扱わなければあっさり殺されてしまったのだ。

それ以外にも「自己家畜化」論で、人類の進化のさまざまな疑問を説明できる。

すべてのメンバーが「大量破壊兵器」を手にした共同体で、自分の身を守りつつヒエラルキーを昇っていこうとすれば、徒党を組むことが不可欠だ。いまの政治と同じで、旧石器時代でもリーダーはもっとも大きな派閥から選ばれたはずだ。利害の異なる相手と手を結び、権力集団を維持・拡大していくためには高度な言語能力と政治的知能が必要になる。これが、人類が大きな脳を必要とし、言葉を獲得した理由ではないだろうか。

——「大量破壊兵器の時代」では、噂話によってライバルの信用を落とし、共同体内での自分の評価を上げていく社会的知能も重要になっただろう。

社会が平等主義的に変わっていくと、仲間内で自己中心的だったり、暴力的な振る舞いをすることが忌避されるようになる。極端に暴力的な人間は殺されたり、共同体から排斥されて、その遺伝子はじょじょに消えていったはずだ。

共同体の秩序を保つためには、抜け駆けをするような自分勝手な行為を禁止することも必要だ。旧石器時代には法律も裁判所もないのだから、この問題に対処するもっとも効果的な方法は、不道徳な行為に対しては怒りを感じ、懲罰するようななんらかの本能をあらかじめ埋め込んでおくことだろう。ボームは、これが「道徳の起源」だと考えた。[78]

いたるところに警察官を配置し、一挙手一投足を監視するには膨大なコストがかかる。だが、他人の道徳的不正を罰することで快感を覚えるように脳を「プログラム」しておけば、共同体の全員が「道徳警察」になって相互監視することで、秩序維持に必要なコストは劇的に下がるだろう。――近年の脳科学は、この予想どおり、他人の道徳的な悪を罰すると、セックスやギャンブル、ドラッグなどと同様に快楽物質のドーパミンが放出されることを明らかにした。ヒトにとって「正義」は最大の娯楽のひとつなのだ。

農耕という第二の「自己家畜化」

旧石器時代の打製石器というイノベーションにつづいて、人類が生み出した次の巨大なイノベーションが約1万年前の農耕だ。ヒト（サピエンス）は、この大きな環境の変化にも適応したはずだ。

10万年前の世界人口は、アフリカのヒト（サピエンス）とユーラシアの旧人類（ネアンデルタール人など）を合わせて50万ほどしかいなかった。ヒトがユーラシア大陸に拡散した1万2000年前（氷河期の終わり）でも、その数は600万人程度だったと推計されている。だが農業という技術イノベーションでカロリー生産量が急激に高まったことで、紀元前1万年から西暦1年までのあいだに世界人口は100倍に増加した（推定値は40〜170倍[79]）。

農業が現生人類に与えた最大の変化は、食糧を求めて少人数で広大な大陸を移動する狩猟採集生活から、土地にしばりつけられた人口密度の高い集団生活に移行したことだ。これによって人類は感染症の危険にさらされることになって免疫機能を発達させ、炭水化物を大量摂取しても糖尿病になりにくい体質へと〝進化〟した。

狩猟採集生活をしていたり、農業を始めてから歴史の浅い新大陸（アメリカやオーストラリア）の原住民は、ヨーロッパ人との接触で天然痘などに感染して甚大な被害を被った。大量の炭水化物を経験したことのない彼らが糖尿病にかかりやすいことや、穀物を発酵させた酒に耐性がなくアルコール依存症が深刻な問題になっていることもここから説明できるかもしれない。

それ以外でも、「農業による集団生活」というまったく新しい環境は、ヒトに対してさまざまな淘汰圧を加えた。

狩猟採集生活では獲得した獲物はその場で食べるか、仲間と平等に分けるしかなかったが、貯蔵できる穀物は「所有」の概念を生み出し、自分の財産を管理するための数学的能力や、紛争を解決するための言語的能力が重視されるようになった。

その一方で、狩猟採集社会では有用だった勇敢さや獰猛《どうもう》さといった気質が人口稠密《ちゅうみつ》な集住社会（ムラ社会）では嫌われるようになった。牧畜業では気性の荒い牛は仲間を傷つけるので真っ先に排除される。それと同様に、農耕によってはじめて登場した共同体の支配者（権力者）は自分に歯向かう攻撃的な人間を容赦なく処分しただろうし、村人たちも攻撃的な人間をムラの平和を乱す迷惑者として村八分にして追い出しただろう。農耕社会では、温厚な気性が選択的に優遇されたのだ。

チワワとドーベルマン

「1万年の進化爆発」仮説は、「工業社会や知識社会では、農業を経験した人種とそうでない人種の間には適応度にちがいがある」可能性を示している。サハラ以南のアフリカでも農耕は行なわれていたが、規模は小さく歴史も短いためじゅうぶんに「進化」することができなかった。

それに対して、ユーラシア大陸で1万年にわたって農業を行なってきたひとびとの末裔であるヨーロッパ系や東アジア系は、ムラ社会の習慣をそのまま学校・軍隊・工場などに持ち込むことで容易に適応することができた。これがたんなる文化のちがいだったら、アフリカ人やオーストラリアのアボリジニもすぐに真似できるはずだ。なぜ上手くいかないかというと、文化や習慣の背後に生得的な基礎があるからだ——という話になる。

これはきわめて危うい論理だが、視点を変えれば、ヨーロッパ系や東アジア系はムラ社会のなかで、それぞれの仕方で自らを「家畜化」してきたのに対し、アフリカ人やアボリジニは「家畜化」されていないということでもある。白人をダックスフント、アジア人をチワワとするならば、彼らはドーベルマンやシェパードなのだ。

チワワやダックスフントがドーベルマンより優れているとはいえないように、〝家畜化という進化〟を経た人種を家畜化されていない人種よりも優秀だとする根拠はない。ペットをマンションで飼うようになった現代社会では、ドーベルマンよりもチワワやダックスフントの方が適応度が高いというだけのことだ。

ここまできてようやく、「私たち（日本人）は何者なのか？」という問いにたどり着くことができた。

農耕の開始によって「1万年の進化爆発」が始まったとしたら、狩猟採集社会や遊牧社会はもちろん、小麦作のヨーロッパ社会に比べてもはるかに人口稠密なムラ社会で生きてきた東アジア系は、それに最適化するよう気質や性格を「進化」させてきたはずなのだ。

6「置かれた場所」で咲く不幸——ひ弱なラン

アジア系アメリカ人のIQは白人とほぼ同じだが、医師、科学者、会計士などの専門職についている割合が白人より高く、これがアジア系の世帯年収が白人より25%も高い理由だとされている。知能とは別に、努力、勤勉、信頼性などの要素（自己コントロール力）が付加価値になっているのだ。——ようするに、真面目に頑張れば報われるという話だ。

このようにしてアメリカでは、社会的・経済的に成功するためには認知スキル（知能）だけでなく性格スキル（やる気）も必要だとされるようになった。

高い所得をもたらす性格とは？

経済学者のジェームズ・ヘックマンが就学前教育の重要性を説いたのは、「認知スキルは11歳ごろまでに基盤が固まる」からだった。しかしこれは逆にいうと、「それ以降はなにをしても知能は伸びないのだから、教育に税を投入するのは無駄だ」ということになる。

この批判はきわめて強力で、行動遺伝学のエビデンスとも整合的だから、安易に退けることはできない。こうしてヘックマンは、仕事に必要な性格スキルを養成することの重要性を説くようになった。認知スキルと同様に性格スキルの形成にも幼年期がもっとも重要だが、性格スキルは10代以降でも伸ばせるので、青年時の矯正は性格スキルに集中すべきだというのだ。

このことは、性格の遺伝率（約50％）が知能の遺伝率（約80％）より低く、そのぶんだけ環境の影響を受けやすいという行動遺伝学の知見からも裏づけられる。性格ももちろん親から受け継いでいるが、訓練によって伸ばすことが（知能よりは）期待できるのだ。

心理学では人格の「ビッグ・ファイブ」を開放性、真面目さ、外向性、協調性、精神的安定性としているが、これらの性格と仕事の成果（業績）の関係をみると、すべての仕事においてもっとも影響が大きいのは真面目さで、次いで外向性、精神的安定性となっている。「真面目で明るく、落ち着いている」ひとは、どんな職場でも信頼されるの

図表8　仕事の成果を決める因子

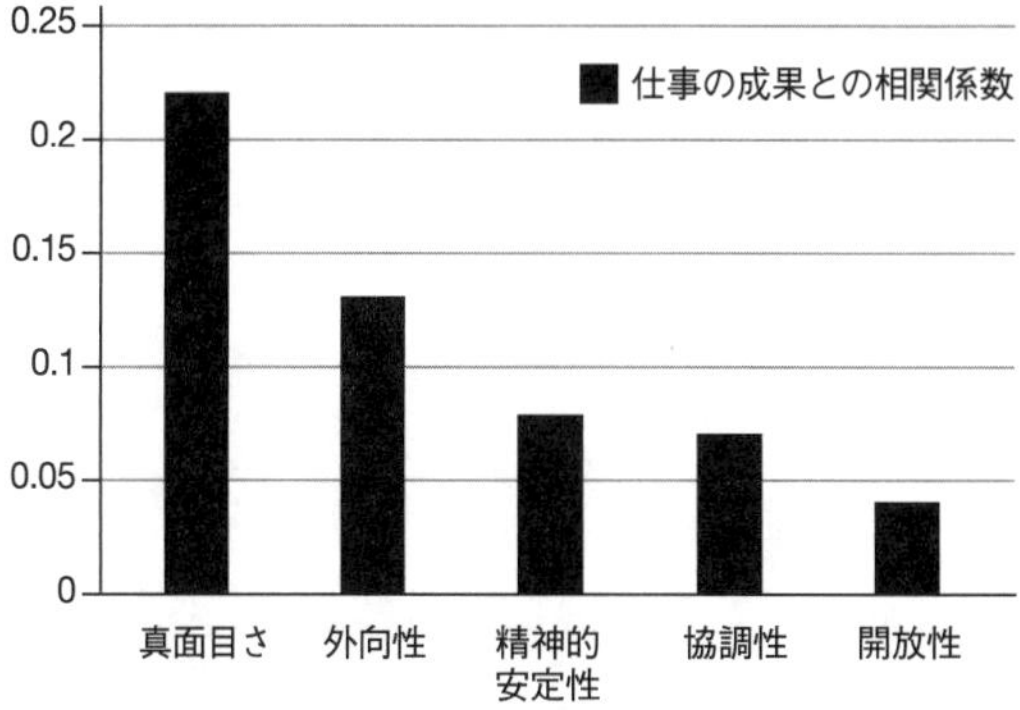

鶴光太郎『性格スキル　人生を決める５つの能力』より作成

だ（図表8）。

外向性（社交性・明るさ）が高い影響力をもつのは管理職・営業職など対人関係が必要な業種で、学者・医者・弁護士などでは相関係数がマイナスになっている。専門職は内向的なほうが成功しやすい。

協調性については、日米で際立ったちがいが観察されている。日本の場合、男性では年間所得と協調性が正の相関関係なのに対し、アメリカでは男性、女性ともに負の相関関係になっているのだ[80]。

これをわかりやすく解釈すると、アメリカでは協調性がない＝個性的なほうが高い所得を得られるが、日本の会社は個性を押し殺して滅私奉公しなければ出世できず、しかもこの努力が報われるのは男だけで、女性社員がいくら組織に協調（奉公）してもムダ、ということになる。

開放性は仕事の成果に対する影響がもっとも低いが、これは「ネオフィリア（新奇好み）」のことで、クリエイティブな仕事には必須のスキルだ。なんにでも強い好奇心をもち、経験に対して開かれていなければ、斬新なアイデアなど出てこないだろう。

このようにしてみると、アメリカ社会でなぜ東アジア系が経済的に成功しているかがわかるだろう。

日本人・中国人・韓国人は（白人と同程度に）知能が高く、性格的に真面目で内向的だから、ポジティブ志向のアメリカ社会ではリーダーにはなれないかもしれないが、賃金の高い専門職にもっとも向いているのだ。

内向的な脳と外向的な脳

発達心理学者のジェローム・ケーガンは、生後4カ月の赤ちゃんを45分間観察するだけで、将来、外向的になるか内向的になるかを予測できると豪語した。これを証明するために、ケーガンは500人の赤ちゃんに、録音した声を聞かせたり、色鮮やかなモビール（紙やプラスチックを吊るしたオモチャ）を見せたり、先端をアルコールに浸した綿棒を嗅がせたりした。

こうした未知の刺激に対し、全体の20％の赤ちゃんは手足をばたつかせて元気よく泣き、40％はときおり手足を動かすもののさほど大きな動きはしなかった。ケーガンは、これを「高反応」と「低反応」に分類した（残りの40％はその中間）。

その後、同じ赤ちゃんが2歳、4歳、7歳、11歳のときに研究室に呼ばれ、ガスマスクをかぶって白衣を着た女性や無線で動くロボットなど、見知らぬひとやはじめての体験に対する反応をテストされた。

この実験でケーガンは、子どもたちの成長に一貫した傾向があることを発見した。生後4カ月の赤ちゃんのときモビールを見て泣き騒いだ「高反応」の子どもの多くは思慮深く慎重な性格になり、手足をあまり動かさなかった「低反応」の子どもの多くはおおらかで自信家に成長したのだ。

ケーガンは、子どもたちの心拍や血圧、指先の温度や神経系のさまざまな数値を測定し、「高反応」と「低反応」のちがいは大脳辺縁系の奥に位置する扁桃体《へんとうたい》にあると考えた。扁桃体は脳内の感情スイッチの役割を担っており、その機能のひとつは、外界の新しいものや脅威になるものの存在を素早く感知し、瞬間的に闘争／逃走反応の引き金を引くことだ。

「高反応」の子どもは生まれつき扁桃体が興奮しやすく、外界からの刺激に強く反応するため、成長すると初対面の人間に対して用心深く接するようになる。それに対して「低反応」の子どもは扁桃体が興奮するのに強い刺激が必要で、成長すると見知らぬひとに会っても動じなくなる。

だがケーガンの研究は、「高反応」が内向的な恥ずかしがり屋で、「低反応」が社交的・外交的だといっているわけではない。扁桃体は、アルコールを含ませた綿棒や破裂した風船に対しても同じような反応をするからだ。内向的なのは人間ぎらいではなく、ひとであれモノであれたんに刺激に敏感なだけなのだ。

ケーガンの実験は、「高反応」の子どもがただ怯えているわけではないことも示した。カードを1枚見せ、次に似たような絵柄のカードを6枚見せて、同じ絵柄のカードを選ばせると、「高反応」の子どもたちは決定を下す前に時間をかけて選択肢を比較し、「低反応」の（衝動的な）子どもよりも正答率が高かった。彼らは絵柄のちがいを見分けるために時間をかけていただけだった。[81]

アメリカの文化人類学者エドワール・ホールは、言葉に表現された情報のみが意味をもつコミュニケーションを「低コンテクスト」、言外の意味やニュアンスを大事にするコミュニケーションを「高コンテクスト」と呼び、前者の典型をドイツ語、後者の典型を日本語だとした。この分類を使うならば、刺激に対して敏感な（高反応の）脳は、微妙なニュアンスや複雑な感情を読み取らなければならない「高コンテクスト」の社会に向いているのだ。

セロトニンとうつ病

セロトニンはドーパミンなどとならぶ脳内の重要な神経伝達物質のひとつで、「ハッピーケミカル」と呼ばれるように、気分の安定に重要なはたらきをすることがわかっている。

セロトニンの機能がうまくはたらかないと不安症や抑うつ症に陥るという原理を応用したのが、現在、世界じゅうでもっとも使われている抗うつ剤ＳＳＲＩ（選択的セロトニン再取り込み阻害薬）だ。脳内で合成されたセロトニンがニューロンに取り込まれて分解されないよう、受容体に蓋をすることで（再取り込み阻害）、脳内のセロトニン濃度が上がってうつが寛解するとされている。

日本人のあいだでうつ病が多いことは広く知られており、「うつは日本の風土病」という精神科医もいる。「真面目」「几帳面」「責任感が強い」「周囲の目を気にする」「人間関係のトラブルを嫌う」などの日本人の典型的な性格は、ドイツの精神医学者テレンバッハが提唱したうつの病前性格「メランコリー親和型」そのものなのだ。[82]

しかしなぜ、日本人は「メランコリー親和型」なのか。そのもっとも説得力のある仮説は、「脳内のセロトニン濃度が生得的に低いから」だ。

セロトニンを運搬する遺伝子（セロトニントランスポーター）にはL型とS型があり、この遺伝子が組み合わされて、「LL」「SL」「SS」という3つの遺伝子型が決まる。L型の（長い）遺伝子はセロトニンを運搬する能力が高く、S型の（短い）遺伝子は運搬能力が低い。すなわち、LL型の運搬遺伝子をもつひとは脳内のセロトニン発現量が多く、SL型、SS型とセロトニン濃度が低くなっていく。

セロトニン運搬遺伝子の型は、人種によって大きく異なることがわかっている。傾向としてはアフリカ人にLL型が多く、白人、アジア系と少なくなる。図表9を見ればわかるように、とりわけ日本人はLL型保有者が4％と世界でもっとも少なく、SS型の

図表9　セロトニン運搬遺伝子の国別比率（％）[83]

	LL	SL	SS
クロアチア	38.2	47.5	14.3
ロシア（ロシア系）	31.3	48.8	19.9
ロシア（タタール系）	27.9	44.7	27.4
ロシア（テュルク系）	26.4	46.4	27.2
ドイツ	37.3	44.7	18
オーストリア	34.9	44.5	20.6
イギリス	33.4	48.7	17.9
ハンガリー	35.1	45.7	19.2
スペイン	34.9	44.6	20.5
イタリア	14	57.3	28.7
中国	13	31	56
韓国	4.8	40.9	54.4
日本	4	30.7	65.3

保有者は65・3％と世界でもっとも多い[83]。日本人の96％がＳ型の保有者であり、３人に２人がＳＳ型で脳内のセロトニン発現量が少なく、不安感や抑うつ傾向が強い。これが、うつを日本の「風土病」にしているのかもしれない。――同様の傾向は中国や韓国も同じで、ここからいずれの国でもうつ病や自殺が大きな社会問題になっていることが説明できるだろう。

意志力や自制心にはさまざまな心理的要因があるだろうが、たしかなのは、不安感が強い人間は将来を心配し、そのため現在の快楽を先延ばししようとすることだ。東アジア系は遺伝的・生得的に脳内のセロトニンが少ないことで不安を抱きやすく、強いストレスにさらされるとうつ病を発症するが、その代償として必死に勉強し、真面目に働いて倹約にいそしむことで、アメリカ社会で経済的な成功を手に入れたのだ。

楽観的な脳・悲観的な脳

「セロトニンの運搬量が少ないS型の遺伝子がうつ病を引き起こす」というのは強力な仮説だが、ここには大きな疑問がある。進化の過程ではL型の遺伝子が先にあり（だからアフリカ人に多い）、その後、S型の対立遺伝子が登場したが、これだとヒトはうつ病になるよう進化したことになってしまうのだ。

同様の疑問は、セロトニン運搬遺伝子の型が「楽観的な脳（サニー・ブレイン）」か「悲観的な脳（レイニー・ブレイン）」かを決めると主張したオックスフォード大学感情神経科学センターのエレーヌ・フォックスを悩ませていた[84]。

そこでフォックスは学生の楽観性尺度を調べたのだが、これまでとまったく異なる結果に困惑することになる。SL型（実際にはそれと同じ効果をもつ遺伝子型だが簡略化する）の遺伝子をもつ学生は、LL型の遺伝子をもつ学生よりもむしろ楽観の度合いが高かったのだ。さらに驚いたことに、回答の結果、全体のなかでもっとも楽観的傾向が強かったのはSS型の遺伝子型をもつ学生だった。

SS型がストレスによって抑うつ状態になりやすい脆弱性《ぜいじゃく》をもっていることは、数々の実験で確かめられている。ところがそのSS型が、もっとも楽観的だった。なぜこのような矛盾した結果が出るのだろうか。

それを知るためにフォックスは、次のような実験を行なった。

ポジティブな画像とネガティブな画像を同時に見せられ、それが消えたあとにどちらかの側に印が現われる。被験者はこの印をできるだけ素早く見つけてボタンを押すのだが、じつはこの実験にはちょっとした細工がほどこされていて、何人かの被験者には嫌悪をもよおす画像（若い女性が首にナイフを突きつけられている）のあとに印が現われ、別の被験者には幸福そうな画像（恋人同士が語らっている）のあとに印が現われるようになっていた。

これによって被験者は、無意識のうちにネガティブもしくはポジティブな方向への偏りを身につける。印がいつもネガティブな画像のあとに現われたら、被験者の注意はすぐにネガティブな画像に集まるようになる。

フォックスはこの実験で、ネガティブな方向に被験者を誘導した場合、セロトニン運搬遺伝子の発現量が低い被験者は、恐怖を感じさせる画像を素早く探し当てることを確認した。「悲観的な脳」をもつSS型が扁桃体の活動を活性化させ、恐怖に対してより強く反応させるのだ。

ところが被験者をポジティブな方向に誘導したとき、きわめて興味深い結果が明らかになった。

「楽観的な脳」であるLL型の持ち主はネガティブなものを避け、ポジティブなものに反応しやすいのだから、ポジティブな画像に素早く注意を向けるようになると予想された。だが実際には、ポジティブな画像をもっとも素早く探し当てたのもSS型の「脆弱遺伝子」をもつグループだった。

セロトニン運搬遺伝子の発現量が低い「悲観的な脳」の持ち主は、ネガティブな画像と同様にポジティブな画像にも敏感に反応したのだ。

敏感と鈍感の進化論

この結果を受けてフォックスは、セロトニン運搬遺伝子についての新しい仮説を提示した。それは、「神経伝達物質に作用するいくつかの遺伝子の発現量が低い人は、良い環境と悪い環境のどちらにも、敏感に反応しやすい」というものだ。

遺伝子と環境の相互作用を調べたこれまでの実験では、被験者に起きたネガティブな出来事やそれがもたらす悪影響にばかり焦点を当てていたため、SS型はストレスに弱く、脆弱で感じやすい「うつ病の遺伝子型」とのレッテルが貼られることになった。しかしフォックスの実験は、この陰鬱な予言に新しい光を当てる。それは、「悪いことが起きたときに非常に不利にはたらく遺伝子型が、良いことが起きたときには非常に大きな利益をもたらす」ということだ。逆にいうと、ストレスに強く楽観的な性格に見えたLL型は、じつは「鈍感」なだけだったのだ。

フォックスのこの新しい仮説を支持する実験も行なわれている。

ワシントンにあるアメリカン大学の研究者は、SS型とLL型のひとが同じくらい辛い出来事にあうと、その夜、強い不安にさいなまれがちなのはSS型であることを確認した。しかしその一方、非常に楽しい出来事があった日の晩、SS型のひとが感じるストレスはLL型より明らかに少なかった。

フォックス自身が行なった学習実験でも、セロトニン運搬遺伝子の発現量の低いひとは高いひとに比べ、ポジティブなものでもネガティブなものでも感情的な背景に非常に敏感だという結果が出ている。

このことからフォックスは、セロトニン運搬遺伝子は「逆境に弱い」脆弱遺伝子ではなく、「可塑的な」遺伝子だと考えるのが妥当だという。セロトニン遺伝子の発現量が低いひとは周囲の環境に影響されて反応しやすく、虐待を受けたりまわりから支援を得られなかったりしたときは深刻な負の影響を被るが、その一方で素晴らしい環境に恵まれればそこから大きな利益を引き出せる。

これはケーガンの実験とも整合的で、野生系（オリジナル）のL型の遺伝子は「低反応」だが、S型の遺伝子は扁桃体を敏感にすることで脳を「高反応」にするのだろう。内向的なのは「人ぎらい」なのではなく、相手の微妙な反応を読み取ろうとして疲れてしまうからで、社交的で明るく見えるのは、相手の反応を気にしない鈍感さから生まれるのだ。

ここから、なぜL型の遺伝子からS型が現われたのかも説明できる。それは農耕社会のなかで、閉鎖的な共同体の親密でストレスフルな人間関係（高コンテクストな文化）にうまく適応するのに役立ったからだ。これが（いち早く農耕文明に移行した）東アジア系にS型の遺伝子が多く、アフリカ系にL型遺伝子が多く残っている理由だろう。ポジティブなことにもネガティブなことにも感じやすくなるよう進化することで、相手の気持ちを素早く忖度できるようになり、狩猟採集生活ではあり得なかった人口稠密な共同体を維持することが可能になったのだ。

日本のリベラルは睾丸が小さい？

動物学研究家の竹内久美子氏は「動物学で日本型リベラルを看ると――睾丸が小さい男はなりやすい!!　政治から学界まで本能の為せるワザ」という記事のなかで、三大人種によって平均の睾丸の大きさは異なるとして、（左右合わせて）「ニグロイド（アフリカ系）50グラム、コーカソイド（欧米系）40グラム、モンゴロイド（アジア系）20グラム」と述べている。[85]　私が見つけた論文でも「中国人13・7グラム、ヒスパニック25・9グラム、コケイジャン21グラム」というデータがあり、東アジア系の睾丸が他の人種に比べてかなり小さいのはまちがいないようだ。[86]

この論文は人種によるステロイド性避妊薬の影響を比較したもので、なぜアジア系（中国人）の睾丸がヒスパニックの約半分、白人の3分の2しかないのかについては言及していないが、男性ホルモンであるテストステロンの大半が睾丸（精巣）でつくられることから、アジア系はなんらかの理由で男性ホルモンが少なくなるように「共進化」した可能性が考えられる。ここでの私の仮説はやはり自己家畜化で、人口稠密なムラ社会では「高テストステロン」の暴力的・威圧的な男性は忌避され、あるいは排除されて、子孫をうまく残すことができなかったことで集団の睾丸が小さくなっていったのではないか、というものだ。

進化論では、睾丸の大きさは性淘汰で説明される。ゴリラのオスは身体は大きいものの睾丸はきわめて小さい。それはゴリラが一夫多妻だからで、競争に勝ち残ったオスはメスを独占できるため、大きな睾丸をもつ必要がない。それに対して乱婚のチンパンジーやボノボは、身体に比してきわめて大きな睾丸をもっている。これは複数のオスが同じメスと性交するため、子孫を残す競争が膣内で行なわれるからだ。ヒトの睾丸はこの中間で、ゴリラより競争がはげしいがチンパンジーほどではない「一夫多妻に近い一夫一妻」だと説明される。

この理論を人種間の睾丸サイズのちがいにあてはめると、アフリカ社会は乱婚で東アジア社会は一夫多妻、ヨーロッパ社会は一夫多妻に近い一夫一妻ということになる。もしかしたらそうした傾向があるのかもしれないが（私は確認できていない）、地域によってそれほど極端な婚姻形態のちがいがあるとも思えず、これだけでは人種による睾丸サイズの大きな差を説明できないのではないだろうか。

ちなみに竹内氏は先の記事で「共産主義、社会主義は睾丸サイズの小さい、つまり女にモテない男にフィットした思想である」「日本人の男は睾丸サイズの小ささという点においてそもそも、これらの思想に惹かれやすい」との説を述べ物議をかもした。

これには証拠（エビデンス）が示されていないので評価のしようがないが、日本社会に蔓延する奇怪な絶対平和主義（「軍隊を放棄して丸腰で〝戦争反対〟を唱えれば平和が実現する」という極端な暴力忌避思想）が睾丸サイズに関係するかどうかは興味深い論点だ。そんな軟弱で金玉の小さい日本人が大東亜戦争（アジア・太平洋戦争）になぜあれほど熱狂し、戦場で残虐な行為ができたのかも合わせて論じれば、より実りある議論になるのではないだろうか。

なぜ日本人は子どもとまちがえられるのか？

海外旅行にいったひとは経験があるだろうが、日本人はとりわけ欧米で年齢よりずっと若く見られる。私はアメリカの入国審査で、30代半ばのときに撮影したパスポートを出したところ、「これは子どものパスポートだろう」と突き返されたことがある。以前アルバイトに来ていた女子大生は、ロンドンのデパートで社会見学の生徒たちと遭遇し、警備員から「ちゃんと列に並べ」と注意されたという。その生徒たちはロンドンの小学生だった。

ネオテニーは「幼形成熟」ともいい、幼年期の特徴を残したまま成熟することをいう。両生類や昆虫などに見られるが、1920年代にオランダの解剖学者ルイス・ボルクが「ヒトは霊長類のネオテニーとして進化した」との説を唱えた。チンパンジーの大人の顔はヒトとは大きく異なるが、幼い時は体毛が少なく顔は扁平でよく似ている。

その後さまざまな霊長類学者が、子どものチンパンジーは性格や行動がヒトによく似ていると指摘するようになった。たとえばフランス・ドゥ・ヴァールは、幼いときのチンパンジーは好奇心が強く、柔軟性に富み、さまざまな遊びに興味を示すが、こうした性格は成長とともに消えていくと指摘している。

ヒトがネオテニーかどうかは専門家のあいだでも議論が分かれているが、この説が魅力的なのは、遺伝子の突然変異を必要とせずに「進化」できるからだ。新しい環境のなかで「好奇心」がより高い適応度をもっていたとすると、それを生み出すために突然変異を何千回、何万回、何十万回と繰り返すより、すでにあるものを利用した方がはるかに効率がいい。子どもの好奇心が強いなら、大人になってもそれを失わないよう、そこで成長を止めてしまえばいいのだ。

ヒトがこのように進化したとすると、それにともなって、生存や生殖に不利にならない他の（身体的・精神的な）子どもっぽい特徴もいっしょに保持するようになるだろう。これが「ヒトのネオテニー仮説」だが、これはそのまま東アジア系の睾丸の小ささにもあてはまるのではないだろうか。

多くの人口を養うことができる稲作は高コンテクストの社会を生み出したが、そこでは〝ムラの秩序〟を乱すような暴力的な性格は強く忌避された。こうした淘汰圧に適応するにはテストステロン値を下げるのが有利だが、そのために睾丸が小さくなるような遺伝的変異を待つ必要はない。子どもは睾丸が小さい（テストステロン値が低い）のだから、そこで成長を止めてしまえばいいのだ。

このような遺伝と文化の共進化が東アジアで起きたとすると、性的に成熟してからも子どもっぽい特徴を多く残すようになったにちがいない。私たち東アジア系はヒト（サピエンス）のなかでもっとも〝ネオテニー化〟が進んでいて、だからこそ海外（アジア以外）では頻繁に子どもとまちがえられるのだ。――これは私の仮説だが、それなりの説得力はあると思うのでここに記しておく。

日本人は「ひ弱なラン」

セロトニン運搬遺伝子のタイプで、日本人はSS型が3人に2人（65・3％）を占め、SL型が30・7％、LL型はわずか4％しかいないという事実は、L型の遺伝子の多いアフリカ系やヨーロッパ系とは文化的・歴史的にだけでなく生得的に異なっている可能性を示している。こうした遺伝的な偏りは文化（東アジアの稲作社会）への適応から生じ、S型の遺伝子をもつ者が増えることによって、彼らに適したより「高コンテクスト」な文化がつくられていった。こうした遺伝と文化のフィードバック効果によって、L型の遺伝子は日本社会から急速に淘汰されていった。――日本人は世界でもっとも「自己家畜化」が進んだ民族なのだ。

エレーナ・フォックスは、日本人の大半がもっているS型のセロトニン運搬遺伝子は「不安感を強めるうつ病の遺伝子」ではなく、ポジティブな刺激に対しても、ネガティブな刺激に対しても強い感受性をもつ遺伝子だという。

現代の進化論は、これを「ラン」と「タンポポ」の比喩で説明する。

タンポポはストレスのある環境でもたくましく育つが、その花は小さく目立たない。その一方でランは、ストレスを加えられるとすぐに枯れてしまうものの、最適な環境では大輪の花を咲かせる。

そう考えれば、「利己的な遺伝子」がこの2種類の遺伝子型を残した理由がわかる。

環境が安定していればランのような美しい花を咲かせるほうが繁殖に有利だが、不安定な環境で強いストレスがかかるならばタンポポしか生き残ることができない。日本人は遺伝的に、特定の環境では大きな幸福感を得ることができるものの、それ以外の環境ではあっさり枯れてしまう「ひ弱なラン」なのだ。

不安感の強い日本人は環境を変えることを過度に恐れ、ムラ的な組織（タコツボ）のなかに閉じこもって安心しようとする。グローバルスタンダードと大きく異なる年功序列・終身雇用の「日本的雇用」が、ガラパゴスのように日本でだけ残っているのはこれが理由だろう。

だがそれによって、日本人は「会社」というムラ社会に、あるいは「家庭」という閉鎖空間に閉じ込められてしまった。さまざまな国際比較調査で、日本のサラリーマンは世界でいちばん会社を憎んでおり、仕事への忠誠心が低いことが繰り返し示されているが、皮肉なことにそこでしか生きていくことができないのだ。[87]

咲ける場所に移りなさい

東アジア系は知能は高いが不安感が強く、目先の利益よりも将来のことを心配する。「知能」と「意志力（先延ばしのちから）」のこの組み合わせによって、アメリカ社会では短期間で目を見張るような経済的成功を手にするようになった。医師や弁護士など専門職として成功できるのは、たんに知能が高いだけではなく、「低コンテクスト」が当たり前の社会で、患者や顧客の微妙な表情を読んで的確な応答ができる「高コンテクスト」な能力が優位性をもつからだろう。

しかしその一方で、生得的な敏感さは、変化やリスクを極端に嫌い、お互いがお互いを気にする「高コンテクスト」の社会をつくりあげてしまう。複雑な尊敬語や謙譲語で相手の立場を忖度しなければならない日本社会はその典型で、誰もが感じる生きづらさは、私たちが暮らしているのがタコツボ型の「道徳警察社会」だからだ。

『置かれた場所で咲きなさい』と『嫌われる勇気』がミリオンセラーになったことは、

そんな日本社会を象徴している。

「高コンテクスト」の共同体に過剰適応した日本人は、世間の評価を気にし、他人から嫌われることを極端に恐れているが、自分がもっと高い評価を得られる場所に自由に移っていくことはできない。会社の上司や同僚、部下を選択することはできず、「運命」として受け入れるしかない。——これは専業主婦も同じで、子どもを抱えて離婚すれば、母子家庭として日本社会の最貧困層に落ちることを覚悟するしかない。

他人や世間を変えることができなければ、自分が「嫌われる勇気」をもつ以外ない。いまいる場所から動くことができないなら、「置かれた場所で咲く」ほかはない。だが残酷なことに、「ひ弱なラン」はどこでも花を咲かせられるようには遺伝的に設計されていない。幸福になりたければ、「咲ける場所に移る」ほかないのだ。

日本人の不幸は、遺伝的にストレスに弱いにもかかわらず、文化的に高ストレスの環境をつくってしまうことにある。そんなムラ社会の閉塞感のなかで、本来はランとして美しい花を咲かせるべき個人が次々と枯れていく。

だがこれは、絶望的な話というわけではない。自分に適した環境に恵まれさえすれば、敏感なS型は（鈍感な）L型よりはるかに大きな喜びを手にすることができるのだから。

そのことを前提としたうえで、「ひ弱なラン」としてどのような人生の選択をするのかが、すべての日本人（東アジア人）に与えられた課題なのだろう。

もちろん、どのような人生を選ぼうとあなたの自由だ。

あとがき

あらためて断っておくと、私の政治的立場はリベラルだ。「普遍的な人権」という近代の発明（虚構）を最大限尊重し、すべてのひとが、人種や民族、国籍、性別や性的指向、障がいの有無にかかわらず、もって生まれた可能性を最大限発揮できるような社会が理想だと思っている。

しかしその一方で、知能を無視して知識社会を語ることはできないとも考えている。もしそれが不愉快に感じられたなら、知識社会そのものが不愉快で残酷なのだ。

知識社会とは何か？　それは歴史的には「産業革命以降の世界」、すなわち近代のことだ。

経済史家のグレゴリー・クラークは、過去から現在までの1人あたりの所得の推移を推計し、1800年当時の中世ヨーロッパの平均的な生活水準は、紀元前1000年のギリシア・ローマの時代はもちろん、紀元前10万年の石器時代と比べてもほとんど変わっていないと主張した[88]。

所得以外の指標でも、1800年当時の平均寿命は30～35歳で、狩猟採集の時代に比べて長くなっているわけではなく、栄養状態を示す平均身長は石器時代の方が1800年当時よりも高かった。ヒト（サピエンス）の生活は10万年の歴史を経ても向上するどころか、より過酷になっていったのだ。

ところが18世紀半ばにヨーロッパの辺境にあるイギリスで始まった産業革命によって、こうした状況は劇的に変わる。技術の進歩が生産性の向上をもたらし、市場を拡大してひとびとの所得を大きく伸ばしたことで、先進諸国の所得水準はわずか200年で10～20倍に達した（図表10）。

私たちは学校で習った産業革命を、ローマ帝国の興亡とか、三国志のロマンとか、織田信長の天下取りとおなじ歴史のエピソードのひとつと考えているが、これはとんでもない誤解だ。産業革命以前と以後で、世界はまったく異なるものに変わってしまった。

人類の第一の「革命」は石器の発明で、「誰もが誰もを殺せる社会」で生き延びるた

図表10　紀元前1000年から現在までの1人あたりの所得の推移

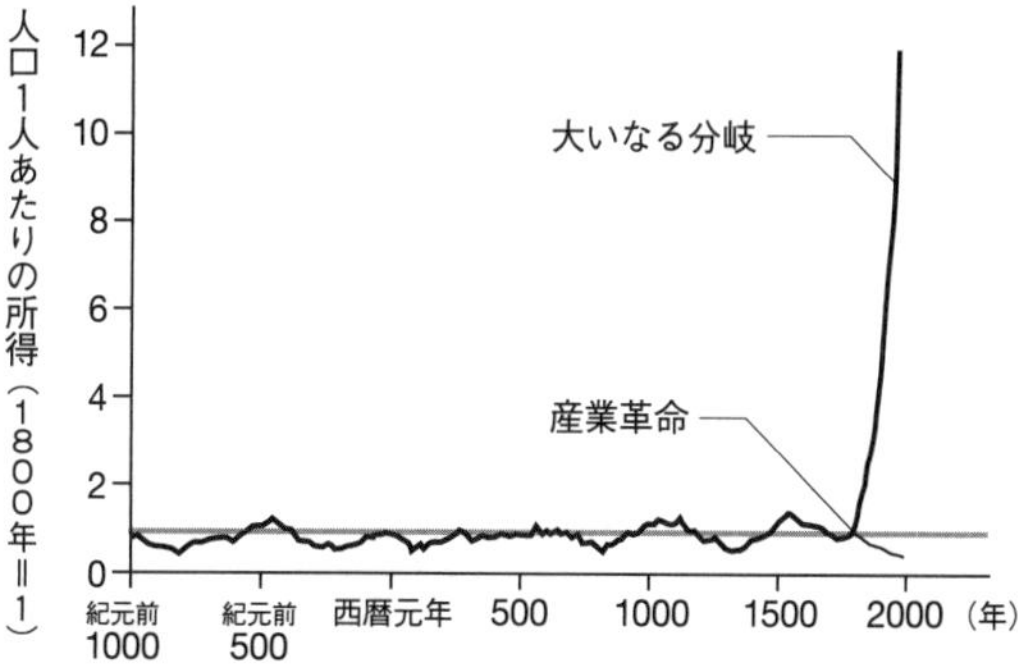

グレゴリー・クラーク『10万年の世界経済史』より作成

めに自己家畜化が始まった。第二の「革命」は農耕の開始で、ムラ社会に適応できない遺伝子が淘汰されてさらに自己家畜化が進んだ。第三の「革命」が科学とテクノロジーだが、ヒトの遺伝子は、わずか10世代程度では知識社会化がもたらす巨大な変化にとうてい適応できない。ここに、現代社会が抱える問題が集約されているのだろう。

ホロコースト以降、欧米では知能と遺伝の関係を語ることはずっとタブーだった。だがここ数年でそれも少しずつ変わってきたようだ。

その転機となったのは、ドナルド・トランプが第45代アメリカ大統領になったことだろう。「白人至上主義者」と呼ばれるトランプの熱烈な支持者たちは、「フェイクニュース」を信じ、どのような論理的な説得にも耳を貸そうとしない。この現象を、認知能力（脳の基本設計）を無視して論じることはもはや不可能になってきている。

インターネットが引き起こしたイノベーションのひとつに、言論空間の大衆化・民主化がある。1990年代のインターネット黎明期には、特権的なメディアによる情報の独占が崩され、世界はより自由で素晴らしいものになるとの期待がさかんに語られた。だがいまや、「真実（トゥルース）」は匿名の個人のあやしげな陰謀論（ポスト・トゥルース）によって駆逐《くちく》されつつあり、よりよい未来への希望は急速にしぼんでいる。

トランプ現象が明らかにしたのは、ほとんどのひとは「事実（ファクト）」など求めていないということだ。右か左かにかかわらず、ひとびとは読みたいものだけをネットで探し、自分たちを「善」、気に入らない相手に「悪」のレッテルを貼って、善悪二元論の物語を声高に語る。ヒトの脳は部族対立に最適化するよう「設計」されており、直観的にはそれ以外の方法で世界を理解できない。

これは進化によってつくられた脳の「プログラム」なので、すくなくとも今世紀中は、いやおそらくは30世紀になっても変わらないだろう。私たちは、ずっとこの不愉快な世界で生きていくほかない。

高度化した知識社会では、高いIQは社会的・経済的な成功をもたらす。だがもうひとつわかっているのは、知能とアスペルガーのリスクとのあいだに強い相関があることだ。IQ130を超えて10上がると、自閉症スペクトラム上に乗るリスクは倍になる。[89]

天才と統合失調症のあいだに遺伝的な相関があることも否定できなくなっている。[90] アインシュタインの次男は統合失調症に苦しんだし、同様の例はほかにいくらでもある。さらにいえば、アインシュタインの家系はきわめて高い知能が平均へと回帰することも示している。――長男は平凡な物理学者として生涯を終えた。

高い知能が幸福な人生に結びつくかどうかもわからない。

暑い夏の喉がからからに乾いたときに飲むビールの最初のひと口はものすごく美味しいが、ふた口め、三口めとなるうちにその美味しさはだんだんなくなっていき、大ジョッキをおかわりする頃には惰性で飲むようになる。このとき、ビールの美味しさを効用、ひと口めからふた口めへの効用の変化を限界効用という。経済学の「限界効用逓減の法則」とは、（ビールの美味しさだけでなく）ほとんどの効用に慣れてしまう人間の本性のことだ。

近年の心理学では、知能の効用も同様に逓減するのではないかといわれるようになった。知識社会においては、知能が高い方が有利であることは間違いない。IQ100とIQ120では、社会的・経済的な成功でかなりのちがいが生じることは、経験的にもデータからも明らかだ。

だがIQ120とIQ140のあいだでは、効用（幸福度）においてそれほど大きな差があるようには見えない。これは、極端に高い知能がなんらかの神経症や精神疾患と結びついているからかもしれないし、社会のなかでの少数派（マイノリティ）として陰に陽に差別されているからかもしれない。

IQ130以上は人口の2・3%、IQ145以上は0・13%しかいない。どのような社会も、多数派（マジョリティ）である平均的な知能のひとたちがもっとも楽しめるように最適化されている。なぜなら、彼ら／彼女たちこそが最大の消費者なのだから。

そう考えれば、高知能のマイノリティは、使いきれないほどの富（金融機関のサーバーに格納された電子データ）と引き換えに、マジョリティ（ふつうのひとたち）がより安楽に暮らし娯楽を楽しめるよう「奉仕」しているともいえるだろう。

シリコンバレーでもっとも大きな成功を成し遂げた一人が、人類を火星に移住させるためにロケットを打ち上げ、次世代の電気自動車テスラを開発し、ハリウッド映画『アイアンマン』のモデルになったベンチャー起業家イーロン・マスクであることはまちがいない。

1971年に南アフリカに生まれ、裕福だが偏屈な電気技師の父親のもとで育ったマスクは、いつも夢を見ているような風変わりな少年だった。小学校に入る頃には本に夢中になり、3年生か4年生のときには学校の図書館にも近所の図書館にも読むものがなくなり、しかたがないので百科事典を読みはじめ細部まで暗記してしまった。

その一方で友だちはほとんどできず、深刻ないじめにあって中学や高校を何度か転校している。不良たちに暴行を受け、顔に全治1週間の重傷を負ったこともあるという。[91]

結婚と離婚を繰り返し、独身に戻ったマスクは2017年、『ローリング・ストーン』誌の取材に対しこう語った。

「子どもの頃から、ずっといいつづけてきた。一人ぼっちにはぜったいになりたくない。一人はイヤなんだ[92]」

2018年12月

橘 玲

註釈：参考文献

まえがき

【1】遺伝率の出典は安藤寿康『遺伝マインド』有斐閣

【2】シッダールタ・ムカジー『遺伝子　親密なる人類史』早川書房

プロローグ

【3】「OECD国際成人力調査　調査結果の概要」国立教育政策研究所

【4】新井紀子『AI vs. 教科書が読めない子どもたち』東洋経済新報社

【5】ティモシー・ウィルソン『自分を知り、自分を変える』新曜社

【6】ジョナサン・コゾル『非識字社会アメリカ』明石書店

【7】https://nces.ed.gov/naal/

【8】コゾル『非識字社会アメリカ』

1章

【9】詳細は拙著『朝日ぎらい』朝日新書

【10】ドリーン・キムラ『女の能力、男の能力』新曜社

【11】ジュディス・リッチ・ハリス『子育ての大誤解　重要なのは親じゃない』ハヤカワ文庫NF

【12】ウリカ・セーゲルストローレ『社会生物学論争史　誰もが真理を擁護していた』みすず書房

【13】J. Michael Bailey & Richard C. Pillard (1991) A Genetic Study of Male Sexual Orientation, *Archives of General Psychiatry*

【14】Dean Hamer and Peter Copeland (2011) *The Science of Desire: The search for the Gay Gene and the Biology of Behavior*, Simon and Schuster

【15】ムカジー『遺伝子』

【16】Andrea Camperio-Ciani Francesca Corna and Claudio Capiluppi (2004) Evidence for Maternally Inherited Factors Favouring Male Homosexuality and Promoting Female Fecundity, *Biological Sciences271*

【17】シャロン・モアレム『人はなぜSEXをするのか？　進化のための遺伝子の最新研究』アスペクト

【18】A. C. Heath, et al.（1985）Education policy and the heritability of educational attainment, *Natur 314*

2章

【19】Richard J.Herrnstein, Charles Murray（1994）*The Bell Curve*, Free Press

【20】H・J・アイゼンク、L・ケイミン『知能は測れるのか　IQ討論』筑摩書房

【21】A・R・ジェンセン『IQの遺伝と教育』黎明書房

【22】「バート・スキャンダル」の詳細については安藤寿康『遺伝子の不都合な真実　すべての能力は遺伝である』（ちくま新書）を参照。

【23】知能テストの歴史については村上宣寛『IQってホントは何なんだ？　知能をめぐる神話と真実』（日経BP社）を参照。

【24】村上、前掲書。なお、拙著『残酷な世界で生き延びるたったひとつの方法』（幻冬舎文庫）では、認知心理学者ハワード・ガードナーの多重知能理論に準拠して知能を説明したが、村上氏によればガードナーの理論は実証手続きがずさんでとうてい科学とはいえず、一般知能を認めたくない「リベラル」に心地よいお話にすぎないとされている。

【25】Sandra Scarr and Richard A. Weinberg（1976）IQ test performance of black children adopted by White families, *American Psychologist*

【26】安藤寿康『遺伝と環境の心理学　人間行動遺伝学入門』培風館

【27】Sandra Scarr, et al.（1992）The Minnesota Transracial Adoption Study : A Follow-Up of IQ Test Performance at Adolescence, *Intelligence*

【28】ジェームズ・J・ヘックマン『幼児教育の経済学』東洋経済新報社

【29】Susan E. Mayer（1998）*What Money Can't Buy Family Income and Children's Life Chances,*

Harvard University Press
【30】James R. Flynn (1987) Massive IQ gains in 14 nations: What IQ tests really measure, *Psychological Bulletin 101*
【31】ジェームズ・フリン『なぜ人類のＩＱは上がり続けているのか？　人種、性別、老化と知能指数』太田出版
【32】サトシ・カナザワ『知能のパラドックス』ＰＨＰ研究所
【33】サイモン・バロン＝コーエン『共感する女脳、システム化する男脳』ＮＨＫ出版
【34】Frank L. Schmidt and John E. Hunter (1998) The Validity and Utility of Selection Methods in Personnel Psychology, *Psychological Bulletin 124*
【35】Alison Gopnik (2010) To Drug or Not To Drug, *Slate Feb 22*　ムカジー『遺伝子』より重引。

3章

【36】アダム・ラザフォード『ゲノムが語る人類全史』（文藝春秋）。以下の記述も同書から。
【37】アクア説についてはエレイン・モーガン『人類の起源論争　アクア説はなぜ異端なのか？』（どうぶつ社）。モーガンの一連の著作も翻訳されている。他にシャロン・モアレム『迷惑な進化　病気の遺伝子はどこから来たのか』（ＮＨＫ出版）を参照した。
【38】デイヴィッド・ライク『交雑する人類　古代ＤＮＡが解き明かす新サピエンス史』ＮＨＫ出版
【39】ダルトン・コンリー、ジェイソン・フレッチャー『ゲノムで社会の謎を解く　教育・所得格差から人種問題、国家の盛衰まで』作品社
【40】シャロン・モアレム『遺伝子は、変えられる。』（ダイヤモンド社）。エチオピアやアンデスに暮らすひとびとは別の遺伝的変異で高地に順応したとされる。
【41】コンリー、フレッチャー『ゲノムで社会の謎を解く』
【42】グレゴリー・コクラン、ヘンリー・ハーペンディング『一万年の進化爆発』日経ＢＰ社

【43】Noah A. Rosenberg, et al. (2002) Genetic Structure of Human Populations, *Science 298*

【44】David Serre (2004) Evidence for Gradients of Human Genetic Diversity Within and Among Continents, *Genome Research Sep 14*

【45】ライク『交雑する人類』

4章

【46】Judith Kearins (1981) Visual spatial memory in Australian aboriginal children of desert regions, *Cognitive Psychology13*

【47】Richard Lynn (2015) *Race Differences in Intelligence Second, Revised Edition*, Washington Summit Publishers

【48】ジャレド・ダイアモンド『銃・病原菌・鉄　一万三〇〇〇年にわたる人類史の謎』草思社文庫

【49】ライク『交雑する人類』

【50】阿部謹也『物語　ドイツの歴史　ドイツ的とは何か』（中公新書）。以下の記述も同書より。

【51】山本七平『日本資本主義の精神』（文藝春秋）など。

【52】速水融『歴史人口学で見た日本』文春新書

【53】シュロモー・サンド『ユダヤ人の起源　歴史はどのように創作されたのか』浩気社

【54】Do the Palestinians have Jewish roots? (https://shavei.org/)

【55】Blood Brothers: Palestinians and Jews Share Genetic Roots (https://www.haaretz.com/)

【56】ニコラス・ウェイド『人類のやっかいな遺産　遺伝子、人種、進化の歴史』晶文社

【57】コクラン、ハーペンディング『一万年の進化爆発』

【58】チャールズ・キング『黒海の歴史　ユーラシア地政学の要諦における文明世界』明石書店

【59】ライク『交雑する人類』

【60】拙著『朝日ぎらい』を参照。

【61】Satoshi Kanazawa (2009) IQ and the Values of Nations, *Journal of Biosocial Science 41*

【62】スティーブン・ピンカー『暴力の人類史』青土社

【63】ムカジー『遺伝子』
【64】ダロン・アセモグル、ジェイムズ・A・ロビンソン『国家はなぜ衰退するのか』ハヤカワ文庫NF

5章

【65】若槻泰雄『外務省が消した日本人　南米移民の半世紀』(毎日新聞社)などを参照されたい。
【66】一般には「日系移民」と呼ばれるが、私が話を聞いた方はいずれも日本国籍のままなので「日本人移民」とする。
【67】平野一郎・将積茂訳『わが闘争』角川文庫
【68】藤尾慎一郎『弥生時代の歴史』講談社現代新書
【69】斎藤成也『核DNA解析でたどる日本人の源流』河出書房新社
【70】篠田謙一『日本人になった祖先たち』NHKブックス
【71】Income and Poverty in the United States: 2016
【72】Thomas Sowell (2013) *Intellectuals and Race*, Basic Books
【73】「「ハーバード大、アジア系を排除」米司法省が意見書　少数優遇措置に波及も」朝日新聞2018年9月1日
【74】スーザン・ケイン『内向型人間の時代　社会を変える静かな人の力』講談社
【75】ジョナサン・ハイト『社会はなぜ左と右にわかれるのか』紀伊國屋書店
【76】ウェイド『人類のやっかいな遺産』
【77】Christopher Boehm (1999) *Hierarchy in the Forest: The Evolution of Egalitarian Behavior*, Harvard University Press
【78】クリストファー・ボーム『モラルの起源　道徳、良心、利他行動はどのように進化したのか』白揚社
【79】以下の記述もコクラン、ハーペンディング『一万年の進化爆発』より。

6章

【80】鶴光太郎『性格スキル　人生を決める5つの能力』祥伝社新書

【81】ケイン『内向型人間の時代』

【82】芝伸太郎『日本人という鬱病』人文書院

【83】Tatyana Noskova et al. (2008) Ethnic differences in the serotonin transporter polymorphism(5-HTTLPR) in several European populations, *Progress in Neuro-Psychopharmacology & Biological Psychiatry 32*

【84】エレーヌ・フォックス『脳科学は人格を変えられるか？』文藝春秋

【85】別冊正論31『「日本型リベラル」の化けの皮』（産経新聞社）所収

【86】Larry Johnson et al. (1998) Ethnic Differences in Testicular Structure and Spermatogenic Potential May Predispose Testes of Asian Men to a Heightened Sensitivity to Steroidal Contraceptives, *Journal of Andrology 19*

【87】ロッシェル・カップ『日本企業の社員は、なぜこんなにもモチベーションが低いのか？』クロスメディア・パブリッシング

あとがき

【88】グレゴリー・クラーク『10万年の世界経済史』日経ＢＰ社

【89】コンリー、フレッチャー『ゲノムで社会の謎を解く』

【90】デイヴィッド・ホロビン『天才と分裂病の進化論』新潮社

【91】アシュリー・バンス『イーロン・マスク 未来を創る男』講談社

【92】Neil Strauss (2017) Elon Musk: The Architect of Tomorrow, *Rolling Stone*

本書は書下ろしです。
図版製作：ブリュッケ

橘 玲 1959年生まれ。作家。小説に『マネーロンダリング』『ダブルマリッジ』、時評に『幸福の「資本」論』等。『言ってはいけない 残酷すぎる真実』がベストセラーとなり、2017新書大賞受賞。著作多数。

Ⓢ新潮新書

799

もっと言《い》ってはいけない

著 者 橘 玲《たちばなあきら》

2019年1月20日 発行
2024年11月10日 5刷

発行者 佐 藤 隆 信
発行所 株式会社新潮社
〒162-8711 東京都新宿区矢来町71番地
編集部(03)3266-5430 読者係(03)3266-5111
https://www.shinchosha.co.jp

印刷所 錦明印刷株式会社
製本所 錦明印刷株式会社

ISBN978-4-10-610799-3 C0236

◉2017新書大賞受賞のベストセラー

言ってはいけない
残酷すぎる真実

橘 玲

この本の内容を気安く口外しないで下さい。

この社会にはきれいごとがあふれている。人間は平等で、努力は報われ、見た目は大した問題ではない――だが、それらは絵空事だ。往々にして、努力は遺伝に勝てない。知能や学歴、年収、犯罪癖も例外でなく、美人とブスの「美貌格差」は約三六〇〇万円だ。子育てや教育はほぼ徒労に終わる。進化論、遺伝学、脳科学の最新知見から、人気作家が明かす「残酷すぎる真実」。読者諸氏、口に出せない、この不愉快な現実を直視せよ。

〔新潮新書〕